ERSTE AUSGABE - Veröffentlicht 2022

Extra Grafikmaterial von: www.freepik.com
Dank an: Alekksall, Starline, Pch.vector, Rawpixel.com, Vectorpocket, Dgim-studio, Upklyak, Macrovector, Stockgiu, Pikisuperstar & Freepik.com Designers

Kostenlose Online-Spiele Entdecken

Hier Erhältlich:

BestActivityBooks.com/FREEGAMES

5 TIPPS FÜR DEN ANFANG!

1) LÖSUNG DER RÄTSEL

Die Puzzles haben ein klassisches Format :

- Die Wörter sind ohne Abstand, Bindetrich usw… versteckt
- Richtung : vor-& rückwärts, auf & ab oder in der Diagonale (beider Richtungen)
- Die Wörter können übereinanderliegen oder sich kreuzen

2) AKTIVES LERNEN

Neben jedem Wort ist ein Abstand vorgesehen zum Aufschreiben der Übersetzung. Um ihre Kenntnisse zu überprüfen und zu erweitern befindet sich am Ende des Buches ein **WÖRTERBUCH**. Suchen sie die Übersetzungen, schreiben sie sie auf, dann können sie sie in den. Puzzles suchen und ihrem Wortschatz hinzufügen.

3) ANZEICHNUNG DER WÖRTER

Haben sie schon einmal versucht eine Anzeichnung zu verwenden? Sie könnten zum Beispiel die Wörter, die schwer zu finden sind, ankreuzen, die Wörter, die sie lieben, mit einem Stern, neue Wörter mit einem Dreieck, seltene Wörter mit einem Diamant usw … anzeichnen

4) IHR LERNEN ORGANISIEREN

Am Ende dieser Ausgabe bieten wir auch ein praktisches **NOTIZBUCH** an. Ob im Urlaub, auf Reisen oder zu Hause, sie können ihr neues Wissen ganz einfach organisieren, ohne ein zweites Notizbuch zu benötigen!

5) SIND SIE AM SCHLUSS ?

Gehen sie zum Bonusbereich : **MONSTER-HERAUSFÖRDERUNG,** um ein kostenloses Spiel zu finden, das am Ende dieser Ausgabe angeboten wird !

Lust auf mehr Spaß und **Lernaktivitäten? Schnell und einfach :** eine ganze Spielbuchsammlung mit einem einzigen Klick erhaltbar :

Mit diesem Link finden sie ihre nächste Herausforderung :

BestActivityBooks.com/MeineNachsteWortsuche

Achtung, fertig, ... Los !!

Wussten sie, dass es auf der Welt ungefähr 7.000 verschiedene Sprachen gibt ? Wörter sind kostbar.

Wie lieben Sprachen und haben schwer daran gearbeitet, die Bücher von höchster Qualität für sie zu entwerfen. Unsere Zutaten ?

Eine Auswahl von angepassten Lernthemen, drei große Scheiben Spaß, dann fügen wir einen Löffel schwieriger Wörter und eine Prise seltener Wörter hinzu. Wir servieren sie mit Sorgfalt und ein Maximum an Freude, damit sie die besten Wortspiele lösen und Spaß am Lernen haben.

Ihre Meinung ist wichtig. Sie können aktiv zum Erfolg dieses Buches beitragen, indem sie uns eine Bemerkung hinterlassen. Sagen sie uns, was ihnen an dieser Ausgabe am besten gefallen hat !!

Hier ist ein kurzer Link, der sie zu ihrer Bewertungsseite führt

BestBooksActivity.com/Rezension50

Vielen Dank für ihre Hilfe und viel Spaß

Linguas Classics

1 - Ozean

ル	撮	カ	物	陶	編	芸	ジ	味	園	ム	絵	パ	魔
び	ダ	ラ	ニ	ー	味	芸	カ	活	猟	写	ゲ	エ	ム
読	味	ズ	園	動	ゲ	ハ	波	キ	撮	ゼ	み	鯨	品
ダ	絵	陶	シ	芸	エ	エ	リ	み	陶	猟	園	動	動
動	ハ	ハ	芸	写	芸	狩	ハ	影	法	法	撮	う	陶
ー	動	グ	ン	リ	法	釣	動	ク	真	イ	絵	な	ム
リ	ル	り	ボ	ー	ト	コ	ー	ラ	ル	ル	編	ぎ	園
魔	シ	狩	プ	フ	び	ー	活	ゲ	リ	カ	活	レ	釣
ハ	撮	パ	書	味	レ	ハ	動	ズ	読	り	キ	パ	プ
活	り	ム	カ	メ	キ	猟	り	イ	魔	ス	ポ	ン	ジ
キ	影	魚	み	た	品	み	潮	リ	び	ー	プ	シ	味
エ	ビ	ツ	ナ	こ	ム	ル	汐	釣	書	影	ル	鮫	ム
猟	釣	画	味	ー	品	魔	活	び	動	絵	ル	み	り
ル	喜	塩	嵐	写	ャ	園	り	動	興	シ	編	喜	キ

うなぎ	カニ
カキ	たこ
ボート	クラゲ
イルカ	リーフ
エビ	カメ
潮汐	スポンジ
コーラル	ツナ

り	絵	法	ズ	ジ	ム	喜	ル	パ	学	魔	ズ	活	試
猟	ン	ー	絵	み	ム	園	ル	ジ	ぶ	ク	イ	ズ	験
ム	ハ	ム	画	リ	ゼ	パ	ク	釣	た	ジ	ク	喜	絵
読	読	ム	真	グ	ゼ	ー	ゼ	イ	め	ペ	ン	鉛	筆
数	学	釣	ル	真	狩	ダ	品	書	に	撮	ダ	先	り
字	プ	法	ダ	ラ	紙	グ	り	籍	芸	絵	園	生	ラ
書	み	活	図	ル	ダ	喜	品	猟	ゲ	び	ン	椅	園
編	魔	友	書	リ	陶	味	ラ	味	影	法	ダ	キ	子
り	ル	達	館	芸	猟	ラ	魔	キ	レ	レ	魔	園	ャ
教	ル	グ	ゼ	編	法	活	真	狩	答	え	イ	ダ	写
真	室	プ	レ	動	陶	楽	喜	フ	品	エ	ジ	ゲ	ッ
ラ	味	真	活	ャ	ー	し	ア	ル	フ	ァ	ベ	ッ	ト
グ	ン	パ	机	グ	ダ	い	味	ダ	影	陶	み	ャ	読
味	狩	チ	ズ	影	書	影	法	ー	ャ	陶	動	ル	書

アルファベット	数学
答え	ランチ
図書館	フォルダー
鉛筆	試験
書籍	クイズ
友達	楽しい
教室	ペン
先生	椅子
学ぶために	数字

3 - Meditation

撮 メ グ シ 編 学 芸 グ 猟 ム グ ャ 書 イ
画 ン 興 沈 黙 ぶ イ 注 意 明 快 思 リ 魔
喜 タ 狩 ン 猟 た 感 画 真 喜 い い 影 品 法
エ ル 魔 り プ め 謝 り 活 入 や や 写 ゲ
影 品 ズ キ 影 に 受 け 入 れ り ャ ラ
パ ー ス ペ ク テ ィ ブ 音 狩 園 ジ ン ャ 親
プ パ レ 写 ル ハ 物 味 撮 楽 呼 園 ャ 切
釣 真 ラ ク ジ イ 読 リ 写 釣 ズ 吸 自 然
レ ジ キ 写 シ ジ イ ム ハ ジ ン 画 品 工
釣 真 り リ 芸 芸 芸 活 び 教 喜 喜 絵 芸
プ 写 動 味 絵 園 絵 グ シ え 絵 動 芸
動 マ イ ン ド 思 考 ラ ャ ハ 猟 ゼ 品 動
き 影 写 読 プ 姿 勢 ラ 影 物 平 パ 喜
パ グ 画 キ 味 真 一 書 リ 写 活 和 リ 動

受け入れ
呼吸
注意
動き
感謝
親切
平和
思考
メンタル
姿勢

明快
教え
学ぶために
思いやり
音楽
自然
パースペクティブ
沈黙
マインド

4 - Meisterschaft

```
絵 撮 撮 ゲ チ 品 グ 喜 フ ゲ 芸 ル 芸 エ
チ モ チ ベ ー シ ョ ン ァ ー ル リ ー グ ン
コ ャ キ エ ム ー 編 ン イ ム ゲ ー プ ン
ー 猟 ン 品 活 メ 喜 レ ナ シ 猟 み 芸 ー
チ パ 魔 ピ 品 ダ 勝 物 リ 汗 ラ 編 戦 略
ズ 狩 フ ハ オ ル ム 利 ス ポ ー ツ チ 喜
芸 釣 リ ォ 陶 ン ン 品 ト 裁 判 官 ャ
キ ャ 芸 ゼ ー み ラ ー 品 み 撮 ン 編
魔 活 ゲ ジ 真 マ び 物 ナ 絵 味 シ ピ び
画 法 リ ゼ ゲ ラ ン 品 メ グ ル 画 オ 園
芸 イ 猟 ゼ ム ン グ ス ン 芸 撮 ク ン プ
リ 影 ー 猟 み 物 陶 物 ト 狩 写 ズ シ シ
ハ 編 キ み 魔 猟 活 り ル パ シ ル ッ 書
芸 真 狩 興 イ ー 興 ズ レ 写 芸 絵 プ ル
```

チャンピオン
ファイナリスト
リーグ
チーム
メダル
チャンピオンシップ
モチベーション
パフォーマンス

裁判官
勝利
ゲーム
スポーツ
戦略
コーチ
トーナメント

5 - Insekten

```
カ ゴ キ ブ リ ス 品 陶 絵 蛾 ャ シ り ゲ
品 マ パ 撮 ズ パ ズ ゼ び イ ー ロ 幼 魔
狩 蝉 キ 動 動 ー ル メ 蚊 編 ラ ア 虫 み
編 シ 味 リ 編 ズ ワ 書 バ 魔 園 リ 園 ク
ル ノ 法 パ エ ル ー 興 物 チ 蟻 ダ ジ 書
エ ミ ャ ン シ ズ ム バ ゲ 魔 編 ン パ ジ
絵 エ プ み キ び 画 ッ ト ク ズ ダ 狩 ジ
ズ 物 画 び 釣 芸 み タ ン 影 絵 リ キ 園
猟 芸 グ て ん と う 虫 ボ 絵 み り ン り
物 園 品 猟 真 法 び 絵 ア 読 シ 撮 画 真
猟 グ 画 芸 編 ー ム み キ ブ ラ 撮 陶 真
ン 甲 書 物 活 狩 物 陶 陶 キ ラ 興 ム ダ
ャ 虫 魔 ム 読 読 イ エ ム 絵 蝶 ム 活 書
レ 編 蜂 動 ラ 撮 影 味 狩 狩 ー ゼ シ み
```

アブラムシ	幼虫
ノミ	トンボ
カマキリ	てんとう虫
バッタ	シロアリ
ゴキブリ	スズメバチ
甲虫	ワーム

6 - Dinosaurier

マ	ジ	草	ダ	猟	陶	園	イ	レ	動	ム	芸	影	ラ
ン	雑	食	リ	ン	読	写	動	絵	芸	魔	猟	工	猟
モ	撮	動	キ	パ	失	踪	影	び	興	影	画	撮	物
ス	み	物	り	画	狩	興	法	ゼ	猟	絵	ム	読	影
読	パ	味	強	ジ	レ	ラ	先	グ	み	陶	イ	ジ	影
真	ャ	爬	力	物	絵	地	喜	史	巨	大	物	グ	編
興	動	虫	な	園	園	び	球	時	ダ	味	品	ゼ	品
法	ゼ	類	編	進	ン	ズ	工	代	翼	尾	ゲ	書	興
サ	イ	ズ	読	化	び	レ	興	肉	動	イ	き	き	い
園	書	ク	ダ	書	化	石	ャ	食	読	ラ	大	撮	書
ル	編	猟	画	ハ	ン	ム	獲	動	書	種	プ	タ	み
陶	書	絵	ル	読	物	ハ	物	書	絵	喜	書	ゼ	ー
ー	ラ	ラ	り	動	ダ	レ	狩	絵	ャ	狩	ダ	ジ	興
絵	み	物	び	び	猟	絵	撮	陶	り	ラ	グ	ジ	

雑食

獲物

巨大な

地球

進化

肉食動物

化石

大きい

サイズ

強力な

マンモス

草食動物

先史時代

ラプター

爬虫類

失踪

7 - Obst

パ	コ	葡	ネ	ジ	ラ	オ	ア	ッ	プ	ル	ハ	ム	ブ
イ	コ	萄	ク	び	ズ	レ	パ	プ	パ	パ	イ	ヤ	ラ
ナ	ナ	ル	タ	ベ	ベ	ン	園	メ	リ	キ	園	ン	ッ
ッ	び	リ	魔	リ	ジ	梅	ク	ロ	コ	法	プ	ク
プ	ツ	パ	ン	び	ー	ー	魔	陶	桃	ン	ッ	真	ベ
ル	ア	ボ	カ	ド	チ	ェ	リ	ー	狩	撮	法	ト	リ
ジ	ダ	物	撮	魔	動	狩	イ	パ	ジ	味	ク	リ	ー
エ	レ	グ	画	陶	影	撮	真	園	喜	法	魔	撮	ダ
園	ラ	イ	読	写	ル	撮	レ	撮	ジ	釣	梨	プ	影
動	ラ	絵	ゼ	活	猟	絵	モ	品	絵	ダ	園	猟	ジ
画	活	リ	シ	イ	書	陶	ン	ル	パ	キ	興	イ	真
び	プ	エ	イ	ゼ	ク	レ	ム	撮	バ	び	ャ	ハ	喜
品	ラ	物	み	エ	レ	り	活	ナ	ズ	パ	編	エ
園	ク	書	キ	ウ	イ	品	読	エ	ナ	物	り	絵	み

パイナップル	キウイ
アップル	ココナッツ
アプリコット	メロン
アボカド	ネクタリン
バナナ	オレンジ
ベリー	パパイヤ
ブラックベリー	葡萄
ラズベリー	レモン
チェリー	

8 - Schule #2

```
影 喜 ハ 真 バ ス 影 カ 真 ハ 猟 絵 シ 狩
消 動 ム 物 ッ 鉛 影 レ 読 ー り 文 り 学
ズ し グ ズ ク 筆 コ ン ピ ュ ー タ シ 週
釣 園 ゴ 法 パ り 興 ダ パ キ 編 シ 園 末
り み ャ ム ッ 魔 芸 ー レ 科 学 辞 書 影
読 絵 学 釣 ク レ 味 ル ゼ イ 興 書 ム ダ
書 品 習 グ 図 猟 猟 エ リ 味 動 ャ 猟 グ
籍 レ 芸 り は 書 キ 紙 ン 興 猟 芸 物 真
撮 み 法 ゼ さ 館 イ 園 パ ダ 先 物 生 猟
パ ゲ ゼ レ み 教 園 芸 ー 陶 絵 狩 ダ 編
り イ 写 ン ル 育 ラ ー ペ 絵 狩 画 プ 味
猟 写 絵 猟 ジ 法 ー ン ジ グ ダ 読 編 レ
パ 活 ク 読 狩 動 ズ シ グ ダ レ 読 み ク
み 狩 読 魔 陶 グ ー ル 釣 狩 レ 読 み 活
```

図書館	読書
教育	文学
鉛筆	消しゴム
バス	バックパック
書籍	はさみ
コンピュータ	ペン
文法	科学
カレンダー	週末
先生	辞書
学習	

9 - Spielzeuge

車	猟	喜	書	ダ	エ	ボ	チ	人	ボ	ー	ト	ハ	影
釣	ハ	パ	籍	動	芸	ー	ェ	形	お	シ	園	粘	土
り	狩	ズ	イ	ャ	品	ル	ス	真	気	ゲ	ン	ラ	写
シ	影	ル	読	プ	狩	撮	パ	園	に	活	ー	プ	イ
ト	シ	編	ダ	味	画	リ	釣	り	入	列	魔	ム	凧
ル	ラ	喜	動	キ	び	ダ	ー	真	り	イ	車	法	法
ロ	ボ	ッ	ト	ム	飛	陶	活	味	物	ズ	自	転	車
ド	ラ	ム	ク	ム	行	ー	猟	レ	園	釣	り	ジ	活
ル	ャ	リ	真	芸	機	猟	び	ゲ	パ	猟	真	ズ	り
ダ	ハ	ン	ラ	ム	猟	ゃ	ン	味	真	ラ	パ	物	リ
パ	キ	味	味	撮	狩	び	ム	釣	喜	写	味	品	み
パ	品	動	ク	レ	ヨ	ン	パ	活	キ	陶	キ	味	イ
書	パ	編	想	像	カ	リ	園	ー	ゼ	書	レ	編	ゼ
釣	ー	ラ	ク	ハ	味	ル	陶	ゲ	グ	ル	グ	み	グ

ボール	想像力
ボート	人形
クレヨン	パズル
書籍	ロボット
自転車	チェス
お気に入り	ドラム
飛行機	ゲーム
工芸品	粘土
トラック	列車

10 - Camping

自	ル	エ	み	釣	園	物	ク	び	イ	ハ	釣	プ	物
ズ	然	地	図	物	ハ	帽	ー	ハ	コ	ン	パ	ス	活
狩	画	火	楽	園	パ	子	影	シ	動	モ	ム	ジ	味
イ	猟	絵	し	み	エ	味	シ	書	書	ッ	グ	グ	狩
狩	猟	ク	い	ー	リ	ル	ズ	喜	味	ク	グ	シ	エ
み	画	ゼ	月	シ	プ	キ	ハ	り	グ	活	ク	冒	険
猟	園	ラ	魔	物	ハ	ー	ゲ	味	狩	芸	撮	ゼ	写
動	読	書	ハ	シ	ズ	昆	虫	ー	釣	グ	書	ゼ	み
リ	ハ	エ	味	ジ	活	グ	興	編	ラ	ゼ	湖	グ	釣
ラ	ロ	ー	プ	ハ	山	エ	リ	真	真	ハ	カ	ヌ	ー
リ	ン	ゼ	編	ャ	芸	味	書	活	エ	魔	品	陶	動
法	動	タ	猟	動	物	リ	芸	活	パ	芸	味	編	品
キ	ャ	ビ	ン	ン	テ	ン	ト	書	絵	プ	ズ	画	ハ
み	森	編	編	キ	物	イ	ー	活	活	写	ゼ	ャ	ズ

冒険	コンパス
ハンモック	ランタン
帽子	自然
昆虫	ロープ
狩猟	楽しい
キャビン	動物
カヌー	テント
地図	

11 - Zeit

シ興ゲゼ猟品今レ読ル撮ゲびャ
猟りシム猟動日喜エ味影芸ズル
ジジパゼク読ム芸プ昼日絵エ動
カ法ゼ園活ゲ十グゼ後夜絵絵画
ーレズびイ読活年陶真真芸陶レ
レゼンキル喜イ狩書一魔キーパ
キイ前ダエ品画書ルダ書グクエ
み活動ー園画活読ャイ昨日ハラ
ラ狩りパみ撮ム真猟ジパレラ読
世みキグ釣絵ラ真写シハンダ撮影
紀ラ絵分動猟時計朝法活未来絵
園ャゲ興物み間エ写エ週未米通年
ャズ書影ジ写撮画読撮キイ米絵
猟月ルハキ影活ル品レ撮喜絵年

昨日
今日
世紀
十年
通年

カレンダー
時間
時計
未来

12 - Säugetiere

ブ	書	象	り	レ	画	絵	ラ	画	カ	ン	ガ	ル	ー
ル	品	物	び	イ	び	園	イ	キ	ジ	馬	シ	ク	味
グ	シ	芸	虎	釣	ク	鯨	オ	喜	リ	真	マ	ジ	写
芸	ジ	味	ン	狩	動	パ	サ	ー	味	ウ	熊	絵
ラ	編	ズ	味	絵	ゼ	書	書	ゴ	リ	撮	マ	プ	ル
シ	レ	影	魔	ゼ	み	ー	び	リ	グ	プ	ル	ャ
ク	編	ジ	ャ	写	ゼ	喜	ル	ラ	園	法	猟	法	撮
レ	芸	園	ャ	ズ	品	コ	ジ	真	興	レ	ズ	り	プ
書	画	ビ	写	イ	パ	ヨ	芸	狩	写	興	ゼ	ネ
ズ	ダ	ー	撮	ー	ゼ	ー	ル	リ	キ	羊	ゲ	ー	ズ
シ	ク	バ	エ	イ	品	テ	釣	エ	グ	リ	興	ミ
ラ	影	ー	ダ	ジ	ン	狼	猿	ン	エ	ク	ン	び	ゲ
法	ゲ	ル	画	ャ	シ	法	狩	釣	撮	魔	法	犬	狐
み	ル	ル	リ	編	釣	シ	物	ゼ	撮	ン	ダ	編	み

ビーバー	ライオン
キリン	パンサー
ゴリラ	ネズミ
カンガルー	ブル
コヨーテ	シマウマ

13 - Astronomie

ジ 釣 び 宇 宙 飛 行 士 撮 ャ 興 ゲ 狩 読
写 ズ 動 書 写 ク み 法 工 活 興 地 編 イ 小
撮 宇 宙 撮 ジ 天 物 シ 空 写 グ 球 パ 惑
園 真 読 活 ジ 文 書 ゲ 猟 ル グ み 流 星
ン リ ゾ 魔 ル 学 エ エ 味 真 イ 彗 星 雲
び ジ デ キ 絵 者 読 品 編 キ 陶 編 グ 影
ジ 品 ィ キ 陶 芸 書 ン キ シ 品 ゲ 影
ラ イ ア 味 読 狩 園 真 衛 ゼ パ 活 リ
ロ 絵 ッ シ プ イ ハ 惑 星 ー ム ゼ り
読 ケ ク ル り 真 活 釣 ハ 絵 工 り み 魔
真 興 ッ 超 新 星 画 望 ハ 芸 画 陶 み 画
ム 星 座 ト 天 文 台 動 遠 物 猟 書 喜 狩
絵 ゼ 太 陽 ル ラ 喜 活 編 鏡 魔 ズ 芸 法
プ ゲ ゲ 絵 ハ 興 園 編 法 月 撮 ゼ ン

小惑星　　　　　　惑星
宇宙飛行士　　　　ロケット
天文学者　　　　　衛星
地球　　　　　　　太陽
彗星　　　　　　　超新星
星座　　　　　　　望遠鏡
流星　　　　　　　ゾディアック
星雲　　　　　　　宇宙
天文台

14 - Ballett

筋 陶 バ レ リ ー ナ ハ 魔 音 楽 絵 釣 作
肉 技 興 レ ハ 狩 み イ 法 表 ス イ 物 曲
キ 術 リ オ ー ケ ス ト ラ 現 キ 拍 手 家
プ パ 品 魔 サ ラ リ ム 猟 力 ル 猟 ム エ ダ
ス タ イ ル ラ 猟 絵 ン 豊 ダ シ 陶 練
喜 ル 釣 釣 真 狩 ム 編 写 か み 撮 み 習
撮 イ ハ 陶 芸 術 的 真 な 読 陶 ー ム
喜 リ エ ゲ ン み 陶 影 狩 品 イ 強 り リ
リ ズ ム グ ャ パ 物 猟 品 ジ イ 法 度 プ
真 び イ 編 キ ー ラ 興 ム 活 読 活 リ ー
振 ダ ラ 法 読 ダ 撮 グ ー ー グ ハ 芸 絵
興 り ン レ 釣 画 編 書 陶 活 ソ 狩 味 真
活 ャ 付 サ 狩 興 写 キ 釣 猟 ロ グ 陶 ハ
ジ パ り け ー ジ ェ ス チ ャ ー 園 画 ハ

拍手	筋肉
表現力豊かな	オーケストラ
バレリーナ	練習
振り付け	リハーサル
スキル	リズム
ジェスチャー	ソロ
強度	スタイル
作曲家	ダンサー
芸術的	技術
音楽	

15 - Strand

グ	サ	び	法	書	り	ム	活	物	り	書	狩	真	狩
プ	ン	ド	イ	ゼ	り	レ	ダ	海	動	撮	ダ	ル	釣
リ	ダ	島	ッ	ハ	ハ	ラ	り	みゃ	味	ジ	リ	青
編	ル	ル	影	ク	興	猟	ム	真	品	写	魔	物	魔
太	陽	リ	法	品	グ	み	砂	釣	味	パ	読	キ	ラ
ム	ゼ	ヨ	書	ク	キ	釣	撮	パ	ラ	陶	味	ジ	物
シ	び	ッ	陶	ズ	ゲ	み	味	グ	写	り	猟	撮	影
ボ	ー	ト	動	ゼ	び	活	影	キ	リ	猟	書	ハ	海
味	み	園	画	リ	ラ	喜	ラ	グ	ー	ン	魔	味	洋
狩	キ	法	動	撮	陶	絵	編	ー	フ	み	タ	オ	ル
写	法	画	猟	ダ	り	シ	撮	動	ラ	ム	猟	カ	陶
法	ズ	り	ジ	猟	法	魔	み	海	休	暇	猟	ン	ニ
び	動	写	ブ	活	グ	絵	ム	岸	グ	写	リ	品	撮
パ	傘	ン	芸	園	画	ダ	撮	画	陶	ゼ	リ	活	品

ボート	海洋
ドック	リーフ
タオル	サンダル
カニ	ヨット
海岸	太陽
ラグーン	休暇

16 - Restaurant #1

陶	チ	キ	ン	画	画	ソ	ク	陶	食	活	ア	ダ	喜
芸	ダ	ラ	興	写	コ	ー	ヒ	ー	ベ	皿	レ	ー	ク
興	び	魔	画	ャ	ダ	ス	ダ	写	物	釣	ル	陶	メ
リ	グ	物	び	み	シ	写	ル	活	園	ク	ギ	り	ニ
キ	動	味	書	絵	釣	ジ	活	デ	ザ	ー	ト	リ	ュ
ッ	真	興	イ	活	ズ	グ	魔	園	書	ラ	リ	ゼ	ー
チ	イ	パ	品	影	絵	ク	辛	ナ	ム	画	真	影	撮
ン	ウ	イ	ト	レ	ス	い	プ	イ	ラ	予	ゼ	品	グ
ボ	ウ	ル	影	陶	影	イ	ラ	キ	魔	フ	ズ	約	活
イ	猟	パ	み	ラ	パ	み	ン	撮	ー	ャ	猟	撮	活
読	ダ	り	芸	活	り	ン	書	釣	ク	撮	興	リ	動
絵	味	味	真	ク	ラ	グ	品	ハ	撮	リ	プ	絵	ム
び	影	ゼ	狩	絵	興	ゼ	ゲ	ズ	魔	イ	絵	肉	芸
絵	ク	猟	写	ム	編	り	動	ハ	活	園	プ	肉	芸

アレルギー　　　　　メニュー
パン　　　　　　　　ナイフ
デザート　　　　　　予約
食べ物　　　　　　　ボウル
チキン　　　　　　　ナプキン
コーヒー　　　　　　ソース
ウェイトレス　　　　辛い
キッチン

17 - Geologie

ハ	ダ	み	ク	ム	地	塩	キ	酸	動	鍾	乳	石	狩
動	写	撮	釣	パ	喜	震	洞	窟	狩	園	品	リ	筍
シ	陶	パ	ダ	狩	興	魔	ゾ	侵	食	プ	ジ	編	プ
コ	ゼ	石	英	ラ	シ	動	ー	園	ハ	真	ン	ラ	法
プ	ー	物	真	ジ	魔	キ	ン	キ	溶	岩	ラ	ン	写
ミ	ネ	ラ	ル	園	グ	真	釣	活	品	品	影	キ	ム
シ	猟	モ	ル	テ	ン	間	編	ー	キ	影	編	シ	猟
園	真	り	プ	釣	プ	欠	物	ン	ジ	パ	イ	物	エ
味	パ	真	真	ダ	ラ	泉	活	品	ダ	ラ	動	真	イ
絵	キ	ハ	物	ル	み	び	味	写	ク	高	原	ン	芸
狩	大	陸	エ	狩	ン	レ	ラ	法	喜	ャ	ラ	写	ジ
ー	み	物	シ	グ	エ	影	グ	園	ル	狩	編	画	キ
ラ	読	影	絵	び	ズ	法	物	影	影	物	火	化	石
カ	ル	シ	ウ	ム	ン	魔	活	ハ	ラ	ム	山	真	ー

地震	溶岩
侵食	ミネラル
化石	高原
モルテン	石英
間欠泉	石筍
洞窟	鍾乳石
カルシウム	火山
大陸	ゾーン
コーラル	

18 - Wissenschaft

陶	園	興	プ	リ	読	方	法	猟	画	釣	興	リ	ミ
ゲ	ム	リ	動	釣	り	陶	物	グ	ズ	レ	イ	エ	ネ
仮	説	ル	ル	ズ	真	み	ゼ	ル	画	喜	園	ラ	ル
パ	味	物	興	ン	パ	絵	ハ	ゼ	ム	キ	活	活	ル
物	進	化	自	然	撮	ー	法	パ	真	編	園	物	ク
り	理	石	グ	研	究	室	イ	動	真	芸	り	魔	パ
法	レ	学	物	生	物	品	影	真	絵	猟	狩	化	品
エ	イ	び	び	ズ	ズ	ゼ	植	品	ー	キ	園	学	芸
ハ	び	ル	品	り	キャ	物	プ	味	プ	園	薬	編	品
イ	気	狩	原	猟	み	物	書	エ	グ	ン	事	品	真
ハ	候	分	子	実	験	み	味	科	猟	物	実	品	ハ
ク	ラ	デ	レ	狩	興	品	影	学	ー	レ	イ	ジ	猟
ー	写	ャ	ー	キ	り	粒	子	者	園	イ	重	ハ	カ
法	狩	ル	プ	タ	ャ	ダ	イ	ゲ	写	ズ	興	カ	ル

原子	ミネラル
化学薬品	分子
データ	自然
進化	生物
実験	粒子
化石	植物
仮説	物理学
気候	重力
研究室	事実
方法	科学者

19 - Bildende Kunst

ャ	活	ワ	パ	ー	ス	ペ	ク	ティ	ブ	味	キ	魔
ダ	リ	び	ッ	ポ	ー	ト	レ	ー	ト	ー	ル	レ	ン
鉛	チ	ョ	ー	ク	喜	写	イ	ダ	リ	ン	読	ラ	絵
映	筆	園	傑	作	ス	真	ア	ー	ティ	ス	ト	画
画	読	書	ハ	ャ	テ	キ	魔	イ	ゼ	エ	興	プ	パ
キ	狩	陶	シ	ダ	ン	シ	芸	び	真	ル	ル	動	真
ペ	ン	ク	ズ	影	シ	陶	ゼ	狩	陶	猟	写	ク	ム
建	粘	土	ラ	彫	ル	ン	絵	リ	狩	イ	品	動	創
築	猟	写	編	刻	パ	陶	ラ	物	ゼ	画	ラ	ン	造
シ	味	ル	品	狩	ダ	り	興	狩	撮	ム	法	プ	性
ャ	ン	品	陶	物	り	写	園	編	ズ	物	ワ	動	狩
動	魔	品	イ	狩	狩	編	ジ	炭	撮	構	ニ	ル	ャ
読	シ	真	陶	リ	影	釣	プ	キ	ハ	成	ス	撮	キ
撮	イ	狩	ハ	シ	写	写	法	り	芸	ゼ	品	絵	り

建築　　　　　　パースペクティブ
鉛筆　　　　　　ポートレート
映画　　　　　　ステンシル
写真　　　　　　彫刻
絵画　　　　　　イーゼル
創造性　　　　　ペン
チョーク　　　　粘土
アーティスト　　ワックス
ワニス　　　　　構成
傑作

20 - Sport

ゲ	ハ	物	ハ	ゼ	み	猟	法	読	り	チ	ー	ム	ゼ
体	ャ	エ	編	ハ	ク	り	芸	動	園	ャ	猟	ラ	魔
操	育	レ	魔	ジ	動	撮	品	パ	品	ン	ン	ズ	ル
審	判	館	動	法	絵	パ	影	プ	活	ピ	ャ	ジ	園
猟	魔	影	真	画	グ	テ	物	写	法	オ	ホ	動	ク
自	転	車	ア	ム	バ	ニ	コ	ー	チ	ン	ッ	影	ゼ
喜	園	ス	編	ス	真	ス	猟	キ	プ	シ	ケ	書	シ
ゲ	興	タ	影	野	リ	ゲ	ケ	猟	ハ	ッ	ー	書	ム
ハ	ム	ジ	シ	球	プ	ー	ゼ	ッ	ズ	プ	り	キ	リ
グ	興	ア	狩	パ	読	画	ト	ル	ト	勝	者	絵	キ
ハ	ジ	ム	り	魔	み	釣	物	ハ	猟	ボ	シ	リ	ラ
プ	ゲ	ゲ	撮	絵	レ	動	き	ゼ	プ	レ	ー	ャ	フ
編	ー	ル	喜	み	ダ	絵	編	喜	魔	猟	ゴ	ル	物
ハ	ム	イ	び	読	法	イ	活	ゲ	ャ	喜	び	ク	物

アスリート	体操
野球	チーム
バスケットボール	チャンピオンシップ
動き	審判
ホッケー	ゲーム
自転車	プレーヤー
勝者	スタジアム
ゴルフ	テニス
体育館	コーチ

21 - Mythologie

ズ	り	絵	法	ダ	真	魔	興	園	行	動	魔	プ	書
魔	ム	喜	画	ズ	味	ム	法	味	園	狩	狩	読	絵
ズ	ー	み	品	雷	イ	活	味	の	活	ズ	ハ	撮	活
ム	ズ	シ	園	園	み	動	真	陶	ジ	ヒ	読	読	品
狩	園	魔	陶	絵	ャ	レ	作	パ	喜	ー	絵	喜	プ
釣	ク	魔	魔	読	イ	イ	成	活	味	ロ	読	喜	工
文	化	陶	ゼ	パ	ラ	ズ	陶	真	真	エ	絵	パ	興
ク	魔	戦	士	ラ	ハ	読	真	ル	ク	イ	喜	シ	ム
び	み	キ	ム	品	ビ	モ	ス	型	ゼ	絵	パ	ゼ	レ
絵	ル	ゼ	ラ	天	ン	リ	原	編	プ	活	シ	ラ	撮
猟	写	ャ	エ	ハ	災	物	真	嫉	ゼ	撮	ゼ	ル	読
不	死	動	ジ	生	国	害	嫉	妬	プ	撮	ラ	タ	稲
釣	ル	ク	伝	き	魔	復	ダ	ラ	ラ	ジ	タ	ル	書
リ	品	活	説	物	り	讐	ム	ル	編	モ	ム	書	妻

原型
稲妻
嫉妬
ヒーロー
天国
災害
作成
生き物
戦士
文化

ラビリンス
伝説
魔法の
モンスター
復讐
強さ
モータル
不死
行動

22 - Tools

の	狩	興	グ	ン	プ	ク	イ	キ	み	は	ラ	ゲ	狩
リ	り	法	物	ダ	ー	ス	斧	ね	狩	さ	リ	ン	ホ
ペ	ン	チ	キ	編	ル	テ	プ	エ	じ	み	興	ズ	イ
法	喜	物	イ	パ	ケ	ー	ブ	ル	品	ハ	ン	マ	ー
ト	釣	ダ	み	ゼ	レ	プ	興	画	ム	シ	ャ	ベ	ル
ー	物	書	ナ	イ	フ	ラ	シ	エ	み	物	ズ	ダ	味
チ	画	ャ	味	ン	ゲ	ー	リ	ジ	芸	リ	は	魔	プ
影	グ	ク	み	興	グ	絵	狩	動	ダ	影	し	ク	シ
ロ	ー	プ	撮	興	ジ	法	リ	法	書	活	ご	ル	か
狩	釣	読	ス	テ	ー	プ	ル	ー	ゲ	ン	ク	ー	み
り	リ	ズ	絵	ズ	物	レ	ゲ	リ	画	画	釣	ラ	そ
書	イ	品	釣	書	プ	グ	ー	ズ	ゲ	ク	ダ	ー	り
釣	写	プ	ー	ゼ	ン	品	エ	芸	画	陶	ン	園	ン
プ	画	エ	エ	画	ラ	グ	ム	ゼ	レ	グ	活	ク	ダ

トーチ	ナイフ
ハンマー	ホイール
ステープラー	かみそり
ステープル	シャベル
ケーブル	はさみ
のり	ねじ
はしご	ロープ
ルーラー	ペンチ

23 - Restaurant #2

魚	フ	魔	フ	レ	ー	園	書	パ	ケ	ー	キ	ス	ラ
前	ル	味	真	ォ	プ	狩	読	味	品	画	び	ー	ン
菜	ー	陶	ハ	絵	ー	撮	ダ	ズ	び	味	プ	チ	
レ	ッ	ス	パ	イ	ス	法	釣	び	魔	リ	画	写	
プ	芸	プ	美	味	し	い	芸	椅	り	動	法	り	釣
飲	料	喜	サ	ラ	ダ	ク	野	子	読	活	プ	ズ	園
水	レ	品	写	ゲ	写	写	狩	菜	影	影	ズ	び	釣
み	画	プ	エ	撮	品	園	キ	レ	法	麺	タ	品	園
活	キ	猟	イ	読	書	興	猟	喜	書	シ	食	ス	狩
シ	ム	ウ	活	イ	写	ー	ハ	ン	氷	ダ	園	プ	撮
ジ	画	ェ	喜	芸	パ	撮	び	喜	リ	ゼ	ー	ー	り
絵	シ	イ	活	読	ズ	ム	塩	ー	興	法	猟	ン	画
ラ	園	タ	品	ラ	ー	シ	グ	プ	芸	法	り	ル	撮
ン	影	ー	法	真	ゼ	プ	り	狩	読	ャ	ー	品	画

夕食　　　　　　　　　　ケーキ
フルーツ　　　　　　　　スプーン
フォーク　　　　　　　　ランチ
野菜　　　　　　　　　　サラダ
飲料　　　　　　　　　　椅子
スパイス　　　　　　　　スープ
ウェイター　　　　　　　前菜
美味しい

24 - Ökologie

釣	陶	編	植	生	マ	ー	シ	ュ	ム	生	息	地	釣
ル	ゼ	動	物	相	リ	ソ	ー	ス	狩	園	存	釣	写
釣	興	り	自	気	ン	ボ	ラ	ン	ティ	ア	品	品
狩	ハ	陶	然	候	活	ダ	ダ	イ	読	ラ	ダ	園	喜
園	シ	ゼ	真	喜	喜	影	写	興	編	イ	ル	書	エ
ー	園	キ	ャ	物	ム	ジ	ー	興	真	陶	編	ダ	キ
真	法	イ	キ	興	品	キ	フ	グ	陶	旱	釣	ゼ	興
画	種	編	味	持	続	可	能	ロ	真	魃	多	様	性
リ	ク	グ	ン	キ	ル	コ	動	ー	ー	パ	読	絵	動
品	キ	影	釣	レ	グ	ミ	物	バ	写	ラ	ク	パ	プ
園	園	写	プ	ナ	チ	ュ	ラ	ル	ダ	ン	キ	レ	ル
パ	プ	魔	物	撮	ル	ニ	イ	エ	エ	画	び	編	ハ
猟	活	活	園	活	イ	テ	シ	陶	パ	編	読	び	ジ
読	園	ラ	山	絵	ラ	ィ	喜	ゲ	び	品	ャ	イ	ダ

旱魃	持続可能
動物相	自然
フローラ	ナチュラル
ボランティア	植物
コミュニティ	リソース
グローバル	マーシュ
気候	生存
生息地	植生
マリン	多様性

25 - Schokolade

職	人	美	味	し	い	ン	ズ	ン	影	び	パ	絵	活
イ	猟	び	リ	エ	品	活	絵	み	動	エ	ク	キ	ラ
成	分	影	ク	リ	画	法	芸	エ	写	り	ゼ	ャ	編
品	酸	品	物	ゲ	粉	撮	読	キ	ダ	苦	ハ	び	プ
ゼ	ダ	化	影	ク	レ	品	コ	ゾ	ハ	い	魔	渇	望
喜	ル	パ	防	品	シ	興	コ	チ	芸	砂	ン	陶	ズ
陶	品	味	ゲ	止	ピ	ー	ナ	ッ	ツ	糖	プ	興	真
ハ	ク	活	猟	ー	剤	お	ッ	ク	喜	芸	ラ	味	レ
シ	パ	影	影	芸	カ	気	ツ	写	狩	影	ン	書	プ
グ	ー	真	動	猟	カ	に	カ	ラ	メ	ル	品	ラ	影
動	読	味	ゼ	編	オ	入	ロ	興	園	ゼ	品	撮	釣
ゼ	写	読	魔	シ	ゲ	り	リ	ゲ	園	画	イ	撮	撮
香	ダ	魔	園	甘	興	ャ	ー	品	グ	ク	ゼ	芸	読
ハ	り	書	画	い	撮	ズ	グ	質	釣	喜	真	グ	パ

酸化防止剤	カラメル
香り	ココナッツ
苦い	美味しい
ピーナッツ	品質
エキゾチック	レシピ
お気に入り	甘い
職人	渇望
カカオ	砂糖
カロリー	成分

26 - Boote

ム	園	ジ	ダ	陶	パ	ブ	読	リ	リ	レ	陶	興	ル
絵	イ	キ	園	絵	エ	イ	書	喜	画	リ	書	撮	味
ジ	み	ー	猟	画	レ	び	リ	キ	ダ	喜	ハ	釣	び
キ	ク	グ	書	パ	レ	読	び	ズ	興	活	釣	猟	物
品	絵	猟	画	興	カ	ヤ	ッ	ク	ル	ー	法	ダ	ム
ジ	興	書	物	絵	ラ	ロ	ノ	い	か	だ	ジ	ダ	釣
ゼ	園	園	ル	パ	狩	セ	ー	ラ	ー	活	ン	芸	ジ
び	画	ル	川	狩	イ	プ	テ	プ	海	洋	潮	グ	真
園	影	ド	ン	書	法	レ	ィ	画	園	喜	カ	活	釣
リ	リ	ヨ	ッ	品	法	カ	品	動	読	ャ	ヌ	湖
写	エ	ム	シ	ク	狩	ジ	ル	ゲ	動	フ	イ	絵	ー
撮	ン	動	興	狩	イ	ダ	シ	猟	品	フ	ェ	マ	撮
び	ジ	エ	猟	法	活	び	シ	絵	ジ	リ	ス	キ	絵
アン	カ	ー	イ	波	み	キ	み	園	ー	ト	陶	ゲ

アンカー	マスト
ブイ	エンジン
クルー	ノーティカル
ドック	海洋
フェリー	セーラー
いかだ	ロープ
カヤック	ヨット
カヌー	

一	写	レ	法	品	ゲ	芸	ゲ	ス	書	空	診	園	キ
劇	場	ス	タ	ジ	ア	ム	び	ー	店	港	ク	療	影
物	編	ト	芸	活	ン	芸	動	パ	魔	狩	ク	影	所
ギ	ャ	ラ	リ	ー	銀	行	撮	ー	グ	ハ	活	味	芸
読	キ	ン	博	物	館	イ	法	マ	法	絵	魔	動	撮
み	薬	狩	ク	読	ホ	真	び	ー	画	読	ン	味	り
パ	局	シ	パ	び	画	テ	品	ケ	法	園	リ	読	リ
書	陶	ネ	び	シ	芸	影	ル	ッ	物	陶	リ	市	ズ
み	ゼ	マ	図	書	館	ー	大	ト	魔	ジ	絵	花	場
み	シ	ラ	ャ	ム	ゲ	編	学	校	ダ	ー	ャ	屋	シ
撮	猟	活	り	画	陶	パ	法	り	芸	絵	レ	キ	陶
影	芸	法	影	パ	味	品	ャ	編	ン	動	芸	ゼ	パ
物	レ	魔	ジ	書	ン	み	パ	画	リ	物	物	ズ	ル
ベ	ー	カ	リ	ー	編	ぜ	り	編	読	園	法	書	ラ

薬局	診療所
銀行	市場
ベーカリー	博物館
図書館	レストラン
花屋	学校
書店	スタジアム
空港	スーパーマーケット
ギャラリー	劇場
ホテル	大学
シネマ	動物園

28 - Aktivitäten

味	ゲ	プ	狩	び	キ	レ	ジ	ャ	ー	狩	猟	リ	味
ル	ー	ジ	レ	興	ャ	び	ゼ	び	陶	品	猟	ラ	書
り	ム	写	絵	ダ	ン	シ	ン	グ	絵	レ	レ	ク	釣
み	ン	ダ	び	シ	プ	ア	影	読	魔	り	ン	ゼ	魔
画	園	写	キ	パ	魔	ー	ジ	書	活	活	び	ー	エ
ハ	写	真	撮	影	縫	ト	写	味	エ	ス	動	シ	喜
味	法	動	プ	園	プ	製	ル	パ	リ	キ	パ	ョ	書
編	み	物	写	芸	魔	法	グ	画	法	ル	ズ	ン	ク
エ	写	園	喜	び	陶	撮	興	ル	釣	興	ャ	ャ	法
ハ	イ	キ	ン	グ	エ	影	イ	読	り	パ	レ	動	動
撮	プ	レ	エ	ク	芸	撮	ズ	猟	読	陶	プ	園	書
園	ク	品	ダ	活	品	陶	動	動	活	喜	物	絵	画
キ	動	シ	キ	味	ラ	ン	陶	ダ	絵	読	真	園	活
真	魔	釣	り	ジ	真	ム	画	エ	グ	喜	ダ	絵	パ

活動	アート
釣り	工芸品
キャンプ	読書
リラクゼーション	魔法
スキル	縫製
写真撮影	ゲーム
レジャー	編み物
園芸	ダンシング
絵画	喜び
狩猟	ハイキング

花	エ	読	物	ー	ダ	園	フ	猟	撮	ク	画	ム	ゲ
陶	粉	物	ル	レ	写	ゲ	ル	り	り	絵	ー	食	影
影	撮	媒	物	蜂	ダ	ル	ー	撮	イ	み	ル	べ	び
書	ル	ジ	介	蜜	群	ン	ツ	エ	猟	シ	写	物	ク
び	猟	り	動	者	れ	ぜ	り	品	太	み	ゼ	ゲ	ル
ン	ジ	ズ	ワ	陶	び	レ	法	エ	陽	レ	ゲ	み	芸
多	様	性	ッ	味	編	生	息	地	ダ	活	み	女	王
興	有	益	ク	編	ル	態	ャ	巣	画	釣	女	虫	写
編	植	り	ス	興	真	系	レ	絵	箱	昆	虫	ダ	活
写	物	り	動	興	り	レ	リ	陶	品	狩	ダ	ゲ	翼
び	編	影	ジ	リ	ャ	猟	狩	喜	味	ク	グ	パ	ゲ
ル	ャ	シ	書	び	プ	リ	味	び	書	ー	ゲ	品	庭
花	粉	リ	ャ	活	猟	真	グ	ク	絵	喜	品	び	撮
陶	ゼ	喜	ダ	ダ	ハ	写	法	ク	真	撮	パ	ダ	煙

花粉媒介者	生態系
巣箱	植物
食べ物	花粉
フルーツ	群れ
蜂蜜	太陽
昆虫	多様性
女王	有益
生息地	ワックス

ル	免	鉱	陶	生	理	釣	画	陶	ル	ゼ	リ	陶	味
絵	疫	み	物	態	ズ	ム	読	読	解	ル	書	シ	レ
ム	学	地	質	学	ム	味	工	影	剖	キ	画	品	狩
ジ	ダ	ラ	り	ン	法	ゼ	神	経	学	ネ	ム	撮	動
撮	キ	化	学	ゲ	ー	カ	読	社	編	シ	工	生	魔
み	園	編	絵	陶	天	文	読	会	影	オ	書	化	画
活	ー	法	ン	リ	狩	画	み	学	ゲ	ロ	書	学	み
園	猟	品	園	編	芸	ズ	芸	植	動	ジ	考	品	グ
動	絵	ゼ	ゼ	芸	芸	パ	リ	物	ー	古	ン	影	エ
園	イ	法	真	法	プ	ゲ	園	学	学	学	り	魔	真
ク	ク	び	芸	ム	言	語	学	ゼ	編	ム	ゼ	キ	
イ	ク	画	法	ン	影	り	ゼ	ハ	パ	び	味	真	
み	写	熱	力	学	心	理	学	生	物	学	喜	物	
ズ	パ	興	動	画	活	品	活	喜	パ	ラ	イ	喜	

解剖学	言語学
考古学	力学
天文学	鉱物学
生化学	神経学
生物学	生態学
植物学	生理
化学	心理学
地質学	社会学
免疫学	熱力学
キネシオロジー	動物学

31 - Vögel

品	リ	オ	動	ジ	プ	編	リ	コ	ウ	ノ	ト	リ	チ
ゲ	興	オ	読	プ	動	ム	ル	エ	ダ	興	白	編	キ
サ	ギ	ハ	法	リ	ペ	ン	ギ	ン	興	ア	ン	鳥	ン
味	ル	シ	真	フ	ラ	ミ	ン	ゴ	陶	ヒ	味	ラ	グ
フ	園	釣	園	ム	ン	ー	プ	ハ	園	ル	釣	書	プ
ク	品	写	み	魔	エ	読	ダ	イ	リ	芸	編	編	動
ロ	写	ン	イ	エ	ル	ゼ	動	ク	キ	ン	魔	撮	絵
ウ	孔	釣	み	ャ	パ	プ	グ	撮	パ	釣	ハ	ラ	シ
物	雀	グ	り	み	ー	ダ	撮	ズ	ー	ハ	シ	画	シ
ガ	チ	ョ	ウ	カ	モ	メ	味	り	読	陶	芸	ジ	リ
読	味	ジ	絵	ペ	ム	プ	キ	釣	影	ダ	イ	写	興
リ	ゲ	真	卵	真	リ	狩	真	オ	カ	ラ	ス	ズ	メ
読	ル	読	ー	読	ゲ	カ	ッ	コ	ウ	園	レ	魔	ク
ル	画	陶	鳩	喜	活	鷲	ン	ム	キ	ム	法	法	品

アヒル	ペリカン
フクロウ	孔雀
フラミンゴ	ペンギン
ガチョウ	サギ
チキン	白鳥
カラス	スズメ
カッコウ	コウノトリ
カモメ	オオハシ
オウム	

影 釣 園 釣 グ 魔 り 陶 ク 写 ラ 狩 陶 物
絵 カ プ プ ズ 動 喜 び 釣 ン パ ザ ル ダ
プ オ ト 法 編 ャ パ ン ナ イ フ 猟 喜 影
プ ー ン ラ 陶 釣 ン 陶 蓋 エ ャ ォ レ ゼ
狩 ブ 芸 ケ リ ハ ジ リ 園 園 グ 影 ー み
ゲ ン 味 ト エ ー み ャ 陶 ゼ 喜 ャ 芸 ク
は さ み ル 魔 興 絵 園 お ろ し 金 狩 レ
ク パ 影 読 魔 撮 画 ン ハ ャ 写 動 レ 画
冷 狩 ブ レ ン ダ ー ト ス パ チ ュ ラ パ
写 蔵 シ 狩 魔 ス ト ー ブ 書 ジ ダ ラ 芸
園 ゼ 庫 イ 園 プ ラ ス 興 動 芸 ム イ 物
温 度 計 味 ル ー リ タ レ び ャ 芸 活 イ
ク ダ 園 真 喜 ン 影 ー イ リ パ 絵 園 ジ
び 撮 シ 撮 釣 真 狩 レ 絵 ル シ 釣 読 ー

カトラリー	おろし金
フォーク	はさみ
ストーブ	ザル
冷蔵庫	スパチュラ
スプーン	温度計
ナイフ	トースター
ブレンダー	ケトル
オーブン	

33 - Garten

興	グ	ベ	テ	ト	ゼ	ン	ポ	ー	喜	ハ	ン	キ	画
ハ	ダ	ン	物	ラ	花	ゲ	ー	イ	味	木	リ	ン	プ
画	影	チ	ジ	ン	ス	エ	チ	編	画	池	園	レ	写
ブ	読	ャ	陶	ポ	読	シ	熊	プ	釣	動	陶	写	ー
ッ	グ	ハ	影	リ	ダ	み	み	手	品	陶	ハ	プ	撮
シ	ャ	ベ	ル	ン	活	釣	狩	ラ	陶	読	ャ	猟	ハ
ュ	ハ	ン	モ	ッ	ク	ラ	品	画	庭	ダ	ク	物	味
ゼ	猟	キ	ハ	園	シ	撮	ル	釣	ゼ	園	草	法	土
ゼ	興	グ	品	ジ	陶	芝	キ	ル	猟	フ	り	ゼ	ハ
オ	ー	チ	ャ	ー	ド	生	ラ	絵	り	ガ	ェ	ハ	キ
雑	ホ	ー	ス	真	物	シ	ク	動	ダ	レ	画	ン	ー
草	写	園	喜	み	レ	絵	陶	味	狩	ー	興	リ	ス
画	活	ン	ャ	書	写	キ	画	猟	絵	ジ	狩	写	ラ
ー	び	物	狩	芸	絵	ラ	釣	レ	ズ	読	影	釣	ゲ

ベンチ	シャベル
ブッシュ	ホース
ガレージ	テラス
ハンモック	トランポリン
オーチャード	雑草
芝生	ポーチ
熊手	フェンス

34 - Antarktis

```
魔 シ 天 気 ジ ャ 魔 シ ラ 地 ラ 物 読 ゼ
真 陶 り び 喜 リ ク ゼ 絵 り 形 び エ 狩
温 環 境 興 遠 征 影 ム び 撮 ロ ッ キ ー
度 レ ズ リ 釣 味 編 鳥 科 絵 ク 動 ダ
ー グ 動 ク 興 ー ズ み 学 書 園 味 キ 魔
物 真 地 理 パ キ 芸 ジ 的 ル 読 芸 キ ク
動 ャ 狩 法 影 水 芸 エ ク ラ 影 ゲ キ 影
品 ラ 保 陶 書 氷 び 読 ラ ャ 喜 り 写
影 写 全 ジ 猟 河 ム 大 移 研 究 者 エ ー
品 キ キ リ ベ ハ 読 陸 影 行 影 ダ み ン
ル グ 画 キ イ ズ 品 ダ 猟 ラ ン グ パ 書
グ 喜 撮 ル ャ み 写 喜 狩 陶 ゼ 真 釣
み シ 画 陶 芸 半 島 写 狩 猟 ン 法
撮 グ 読 ダ シ リ ミ ネ ラ ル シ 芸 画 魔
```

ベイ	大陸
保全	移行
遠征	ミネラル
ロッキー	温度
研究者	地形
地理	環境
氷河	天気
半島	科学的

ク	園	写	エ	ン	エ	猟	撮	ム	品	陶	ン	園	速
品	陶	シ	撮	グ	ル	画	シ	ゼ	陶	魔	グ	キ	度
園	狩	イ	ル	地	図	猟	喜	ゼ	ン	真	安	車	危
物	興	リ	び	バ	ダ	ラ	ト	ン	ネ	全	ジ	険
品	真	陶	猟	ス	警	察	ラ	狩	味	ゼ	性	書	グ
ダ	影	ル	プ	ゼ	グ	ン	ッ	書	動	び	活	ー	興
歩	撮	ー	プ	釣	興	ラ	ク	レ	影	狩	絵	真
魔	行	オ	ー	ト	バ	イ	喜	ガ	注	意	味	び
モ	魔	者	ル	猟	編	魔	ス	シ	動	陶	ク	真
ゲ	ー	ハ	活	喜	ハ	ン	ラ	釣	真	ゼ	交	喜	ー
芸	活	タ	ハ	陶	狩	ス	喜	ン	陶	味	品	通	ズ
ジ	ガ	レ	ー	ジ	プ	イ	ラ	み	び	ズ	編	ゲ	ゼ
ゲ	撮	燃	料	釣	園	び	絵	釣	喜	ム	ャ	イ	事
写	猟	猟	ズ	ャ	園	品	猟	リ	ブ	レ	ー	キ	故

ブレーキ
燃料
バス
歩行者
ガレージ
ガス
危険
速度
地図
ライセンス

トラック
モーター
オートバイ
警察
安全性
トンネル
事故
交通
注意

狩	悲	劇	的	真	ナ	ペ	絵	書	動	書	り	イ	喜
撮	ン	活	写	び	レ	芸	ー	魔	動	か	ル	ル	陶
キ	ャ	ラ	ク	タ	ー	釣	ハ	喜	れ	歴	ダ	画
影	ゲ	芸	み	画	タ	二	ジ	性	著	た	史	ル	的
写	猟	読	パ	釣	ー	園	重	者	シ	文	ル	絵	写
関	連	す	る	ラ	編	編	コ	魔	エ	学	ラ	動	影
ク	ズ	ズ	ス	読	者	パ	レ	小	発	ギ	ラ	ラ	ハ
ン	法	味	ト	シ	ゼ	陶	ク	写	説	芸	ル	プ	エ
ハ	み	び	ー	ゼ	リ	ユ	シ	詩	ャ	魔	ゼ	編
撮	ル	芸	リ	動	真	ー	ョ	読	エ	写	パ	エ
絵	編	陶	ー	真	魔	モ	ン	魔	ン	冒	険	動
び	法	イ	シ	喜	イ	ラ	ズ	ゼ	ジ	喜	品	真
影	活	シ	味	興	グ	ス	写	ン	エ	釣	ル	ン
活	画	グ	釣	園	ン	み	動	ャ	ク	パ	園

冒険	ユーモラス
著者	コレクション
キャラクター	読者
二重性	文学
エピック	関連する
発明	小説
ナレーター	ページ
ストーリー	シリーズ
書かれた	悲劇的
歴史的	

37 - Menschlicher Körper

プ	読	絵	ラ	ャ	動	ー	編	物	ン	り	活	プ	活
グ	ゼ	真	魔	ジ	ム	撮	ン	ダ	品	エ	イ	編	読
肌	リ	ラ	イ	顔	リ	ム	書	ム	グ	グ	キ	書	絵
ャ	魔	リ	び	パ	ム	陶	画	イ	ジ	ジ	魔	陶	ダ
ル	動	手	足	首	絵	興	影	法	味	膝	猟	ジ	ジ
絵	顎	ム	絵	ダ	絵	活	耳	撮	画	写	リ	釣	陶
芸	ハ	園	び	血	り	ズ	猟	ゲ	ム	喜	喜	陶	動
ゲ	ジ	影	釣	釣	工	魔	活	ー	頭	陶	猟	写	リ
活	イ	ル	指	胃	書	リ	ダ	ラ	脳	心	臓	舌	真
読	グ	プ	ラ	ム	絵	鼻	活	釣	グ	ル	レ	編	肩
エ	ー	ハ	ク	ハ	イ	影	絵	陶	パ	グ	書	足	プ
園	パ	動	猟	肘	狩	ル	物	品	り	狩	ー	絵	ゲ
リ	味	魔	真	ン	グ	ル	工	撮	絵	活	読	味	味
猟	釣	ジ	キ	ゼ	品	ズ	ゼ	パ	ク	パ	び	活	ロ

心臓   足首

38 - Klettern

ブ	ゲ	好	ダ	ン	パ	ル	ク	地	ガ	イ	ド	ズ	釣
ー	手	奇	ジ	ダ	狩	猟	猟	形	画	ー	安	定	性
ツ	袋	心	リ	活	真	ダ	り	イ	キ	ズ	品	ズ	ゲ
み	釣	グ	陶	真	ャ	ク	リ	ル	編	シ	イ	ル	書
狩	キ	法	怪	園	陶	ジ	品	リ	品	狭	ル	動	ム
猟	園	プ	我	地	ト	レ	ー	ニ	ン	グ	高	猟	グ
園	読	ゼ	強	物	図	洞	窟	狩	レ	活	度	キ	味
ム	興	み	び	さ	ラ	ハ	喜	ハ	イ	キ	ン	グ	り
ゲ	ル	園	イ	猟	キ	グ	陶	ジ	ャ	ハ	喜	釣	写
ヘ	ル	読	ジ	活	魔	グ	ル	興	ル	動	品	読	喜
プ	ル	法	陶	グ	猟	レ	芸	キ	シ	法	ズ	書	ズ
真	イ	メ	パ	味	魔	絵	雰	囲	気	ダ	絵	ジ	法
ダ	リ	影	ッ	編	狩	パ	活	ム	シ	物	釣	陶	興
専	門	家	興	ト	パ	リ	ダ	プ	法	魔	グ	影	プ

雰囲気　　　　　　　　地図
トレーニング　　　　　好奇心
専門家　　　　　　　　狭い
ガイド　　　　　　　　安定性
地形　　　　　　　　　強さ
手袋　　　　　　　　　ブーツ
ヘルメット　　　　　　怪我
高度　　　　　　　　　ハイキング
洞窟

39 - Landschaften

撮 ジ 陶 ハ ラ ラ 活 ハ エ 画 ャ 魔 影 ラ
ラ ャ ー 読 物 興 ク イ 興 真 読 撮 動 活
ズ 編 ダ パ 海 ャ 湾 ル 真 ャ 物 物 イ
ラ り 釣 撮 ダ 火 山 編 ラ 品 グ ン 書 絵
ジ ゲ ダ ー 陶 イ 味 品 リ ゼ み 絵 興 グ
物 興 ツ ン ダ グ 川 味 ー 陶 み 画 陶 真
味 ム び パ 影 影 魔 み ダ 撮 ャ 編 ジ
絵 ャ ム 味 ド ラ 影 魔 グ ク ク 猟 プ 丘
間 欠 泉 動 ズ ラ ハ ー 興 喜 み 品 ハ リ
陶 ハ ン シ 影 動 ラ キ び 氷 河 イ 物 沼
魔 ジ 狩 ク 魔 ジ オ 書 味 興 み ハ ー 湖
写 真 リ ダ ダ 砂 撮 ア ク 編 ゲ 品 真 リ
ラ 洞 窟 半 島 漠 ハ 写 シ ゼ ジ ゲ 谷 リ
滝 エ キ み ハ 氷 山 グ ラ ス ビ ー チ ム

氷山   オアシス
間欠泉   ビーチ
氷河   ツンドラ
半島   火山
洞窟   砂漠

40 - Abenteuer

喜 び 活 猟 品 活 ハ キ 危 新 着 ル ラ 撮
旅 程 エ ク ダ 法 活 ク 険 猟 み イ 品 魔
狩 興 興 ハ 味 み 撮 な 勇 ク 美 パ リ 行
ャ み 物 ナ 魔 イ 動 編 気 遠 足 し き 先
珍 り 活 喜 機 会 み チ 陶 準 影 み ゲ エ
ャ し ダ 動 ゲ 狩 釣 喜 ャ 備 絵 動 ル 動
ム 編 い ゼ ー 安 全 性 ン 絵 書 編 ン 猟
陶 ゼ 書 友 シ 自 シ 読 ス パ 喜 り 熱 芸
ム 動 味 達 ョ 然 読 困 読 書 エ 意 品
ー 釣 プ 撮 ン ク パ 難 喜 エ キ ム 一
活 魔 魔 編 絵 釣 法 物 び ャ エ み 釣
パ イ プ 魔 読 芸 一 猟 レ パ 興 グ 撮 エ
エ 芸 ダ ャ パ ゲ 読 狩 真 イ ゼ シ ジ 活 撮
ム ゲ ン 芸 真 影 リ み 真 ャ 釣 書 活 撮

活動 新着
遠足 旅程
熱意 美しさ
チャンス 困難
喜び 安全性
友達 勇気
危険な 珍しい
機会 準備
自然 行き先
ナビゲーション

41 - Flugzeuge

```
釣 シ 陶 ズ 釣 ハ 霧 エ ン ジ ン 釣 歴 バ
園 膨 ら ま せ る 囲 絵 イ 味 ン ダ 史 ル
プ ロ ペ ラ 設 計 気 プ 読 グ 編 ク ル ー
真 び ャ レ イ パ ン 建 設 リ エ ジ り ン
シ 読 ゲ み び イ 物 ダ り パ ジ キ 撮 エ
り ク ズ 影 キ 喜 ク 写 動 撮 魔 読 読 ズ
ハ 動 リ パ ン 高 喜 空 気 芸 影 ン ラ ラ
釣 喜 み 絵 イ さ 水 写 プ 影 ー イ 陶 陶
ル シ 芸 陶 パ ロ 素 ゲ 編 物 書 リ 編 編
真 旅 び 釣 書 編 ッ 釣 影 編 ル 書 興 興
釣 客 シ り 影 ー 法 降 下 ル 物 興 写 写
み 喜 影 ク 燃 ラ 法 冒 乱 読 み 動 ゼ ゼ
ム グ パ ル 料 画 魔 味 険 物 ハ ジ キ キ
ー 絵 ル ジ 動 影 天 気 み リ キ ム キ 活
```

冒険	建設
降下	空気
雰囲気	エンジン
膨らませる	旅客
バルーン	パイロット
燃料	プロペラ
クルー	乱流
設計	水素
歴史	天気
高さ	

42 - Haartypen

ブ	写	ー	リ	ム	ジ	動	び	び	書	物	釣	味	猟
ロ	有	色	物	絵	キ	ム	絵	レ	園	品	キ	品	狩
ン	読	狩	ジ	レ	活	真	パ	ズ	撮	動	ゲ	禿	ル
ド	狩	ソ	薄	い	ム	元	活	画	レ	動	キ	ゲ	グ
ラ	り	影	フ	茶	色	気	画	イ	ン	法	イ	ゼ	レ
イ	ン	法	芸	ト	興	興	芸	狩	シ	エ	書	パ	狩
絵	真	シ	喜	ブ	ラ	ッ	ク	魔	活	絵	書	喜	エ
ゼ	リ	芸	レ	画	書	三	エ	み	園	ゲ	パ	グ	白
銀	法	画	真	ラ	ル	つ	ズ	グ	レ	ー	シ	厚	い
グ	ー	ル	芸	イ	ズ	編	カ	ー	リ	ー	ャ	法	動
猟	魔	興	法	影	ン	み	組	短	い	い	喜	イ	絵
カ	ー	ル	ダ	ー	書	興	み	キ	魔	狩	編	ニ	魔
ハ	ン	物	ャ	絵	陶	パ	絵	頭	皮	魔	ー	ゲ	パ
編	り	リ	法	猟	み	キ	撮	み	真	猟	真	活	味

ブロンド	頭皮
茶色	短い
厚い	カール
薄い	カーリー
有色	ブラック
編組	ドライ
元気	ソフト
シャイニー	白い
グレー	三つ編み

43 - Essen #1

リ	ミ	苺	肉	イ	ム	書	書	イ	喜	絵	ゼ	芸	に
ャ	ル	物	影	ル	ル	ク	動	読	リ	ハ	ゼ	ん
キ	ク	編	ン	シ	ャ	ス	砂	糖	玉	ム	ル	レ	じ
撮	ン	グ	ツ	ナ	コ	ー	ヒ	ー	葱	ゲ	ン	撮	ん
真	パ	プ	レ	モ	ン	プ	ほ	う	れ	ん	草	物	梨
編	び	リ	ニ	ン	ニ	ク	キ	喜	ゼ	リ	シ	ゼ	ー
ジ	芸	芸	絵	撮	ダ	画	ラ	園	パ	び	ズ	ャ	書
ュ	ン	シ	ャ	び	シ	画	ラ	芸	動	ズ	猟	ム	プ
ー	猟	リ	グ	編	エ	パ	落	ム	み	サ	狩	ジ	イ
ス	味	プ	ハ	喜	ム	ゼ	り	花	真	ラ	猟	読	ズ
パ	真	品	写	物	動	エ	プ	生	ダ	ダ	園	プ
ダ	活	プ	り	法	動	写	園	法	法	法	ゲ	プ	釣
芸	び	カ	動	物	撮	書	ダ	魔	プ	み	ー	猟	グ
ー	園	ゲ	ブ	り	バ	ジ	ル	ダ	塩	プ	活	エ	喜

バジル	サラダ
落花生	ほうれん草
コーヒー	スープ
にんじん	ツナ
ニンニク	シナモン
ミルク	レモン
カブ	砂糖
ジュース	玉葱

44 - Gebäude

イ	写	撮	研	ス	タ	ジ	ア	ム	博	ホ	ガ	納	エ
り	画	ー	究	イ	ワ	ゲ	釣	イ	物	テ	レ	屋	陶
キ	喜	ダ	室	レ	ー	ル	天	魔	館	ル	ー	味	ル
ズ	ク	シ	ゼ	ー	プ	レ	文	撮	写	グ	ジ	ゼ	写
ハ	パ	プ	ゼ	イ	ダ	ー	台	キ	ャ	ビ	ン	ル	び
釣	病	ス	ー	パ	ー	マ	ー	ケ	ッ	ト	テ	ン	ト
ム	大	院	狩	シ	ホ	ス	テ	ル	写	魔	書	ハ	動
ラ	学	使	読	ネ	味	書	編	レ	猟	影	パ	エ	芸
プ	校	レ	館	マ	真	キ	り	写	撮	絵	シ	園	陶
絵	釣	魔	ャ	レ	ジ	び	釣	写	ダ	品	写	ゲ	味
味	び	ル	グ	絵	編	法	園	エ	影	ダ	影	ズ	写
ゼ	読	画	真	び	喜	ダ	ダ	釣	猟	ゼ	ゲ	ゼ	猟
陶	ラ	書	読	ラ	絵	農	劇	び	書	ル	ズ	ゼ	み
編	釣	プ	ル	ズ	活	エ	場	り	絵	釣	ル	パ	猟

農場	博物館
大使館	天文台
工場	納屋
ガレージ	学校
ホステル	スタジアム
ホテル	スーパーマーケット
キャビン	劇場
シネマ	タワー
病院	大学
研究室	テント

45 - Angeln

```
り 芸 猟 読 影 リ ー イ ジ ゼ 絵 海 釣 ゲ
ラ キ 動 品 編 ク ジ イ ゲ ハ エ 洋 ダ 編
ル ク ダ 品 ジ り シ 芸 り 興 ズ 活 シ ズ
ビ ー チ 読 ボ 猟 キ び 味 顎 一 興 パ み
画 バ パ 興 ー ル ム ダ 重 ク 季 撮 り 絵
シ ス キ ム 卜 品 ハ ハ ム さ 節 キ 芸 法
物 ケ エ 釣 プ 写 餌 忍 ク 釣 ジ 絵 ラ ル
フ ッ ク 動 キ 狩 み ム 耐 イ 読 ラ ゲ り
ィ 卜 真 物 ー 活 び み グ 法 ハ 芸 り ー
ン エ ク 編 法 ダ 影 法 川 グ 画 芸 法 び
品 活 ワ イ ヤ ー リ 絵 動 釣 ラ エ ダ ー
ズ ジ ズ 釣 り エ 写 法 品 編 湖 物 写 ル
興 動 真 過 言 書 絵 シ 画 魔 レ 書 み び
び え ら 魔 レ 魔 プ 品 陶 プ ズ 水 プ 書
```

ボート	季節
ワイヤー	えら
フィン	バスケット
忍耐	海洋
重さ	ビーチ
フック	過言

46 - Regenwald

```
ラ ジ り 味 パ 読 苔 み 哺 影 興 パ 編 グ
味 書 レ エ ジ 味 ズ 両 乳 絵 味 工 び 喜
み ャ ム 自 然 ャ ル 生 類 物 ハ 気 味 活
生 り 虫 興 活 グ ン 類 芸 先 ハ 候 み 品
存 法 品 ジ 編 味 写 グ ジ 書 住 編 魔 法
コ ミ ュ ニ ティ 読 陶 ハ 喜 レ 民 み 陶
興 エ ャ シ 雲 陶 ク 興 真 影 エ 族 味
活 ム 味 ン ゼ ズ 貴 真 魔 ク 絵 ン リ エ
ズ ゲ 影 リ 避 難 重 魔 編 読 園 プ 画 シ
狩 ク 編 ダ プ び 真 編 グ ハ 編 品 芸 び
ハ リ リ 物 芸 尊 多 様 性 び ン 陶 ャ り
絵 真 び 芸 絵 敬 猟 プ 読 絵 グ 法 種 動
ー 狩 ラ エ 鳥 ラ 物 影 ー プ ジ プ ダ
レ ラ パ ク ル 芸 り 書 ダ 物 園 ゼ レ ル
```

両生類 尊敬
植物 哺乳類
ジャングル 生存
先住民族 多様性
コミュニティ 貴重
気候 避難
自然

47 - Essen #2

興 ハ 園 イ リ 画 陶 品 バ ラ ア ッ プ ル ル
喜 ー パ リ び 喜 シ ジ 釣 ナ ハ 園 芸 ル ル
ヨ ー グ ル ト パ ハ 品 シ 喜 ナ ャ ル 品
チ ョ コ レ ー ト 物 ム 絵 喜 シ 編 ラ プ
ー 法 り り ク ゲ 喜 グ 喜 魔 芸 魔 ク ジ
魔 チ 影 シ 芸 パ ク 魔 レ エ 品 陶 魔 釣
ゼ ー ハ プ 物 ン ア ス パ ラ ガ ス レ ハ
小 ズ ル 画 読 ラ セ 米 ア ー モ ン ド ク
麦 プ ハ パ ャ 物 ロ イ ジ 法 チ ェ リ ー
狩 読 ブ ロ ッ コ リ ー ジ ラ 読 み ゃ み
ゲ 編 芸 猟 芸 ト マ ト 画 画 ゲ ハ 陶 シ
キ 撮 影 り 真 絵 び 陶 茄 影 キ 芸 み 動
ア ー ティ チ ョ ー ク 子 影 ノ レ 味 エ
園 ハ 魚 猟 卵 シ 活 編 ズ み コ 芸 真 味

アップル	アーモンド
アーティチョーク	キノコ
茄子	ハム
バナナ	チョコレート
ブロッコリー	セロリ
パン	アスパラガス
ヨーグルト	トマト
チーズ	小麦
チェリー	

48 - Familie

み姉グおリ夫写品編ダプル一撮
真妹園ば品狩ダ真み父画ハ活甥
叔魔活あ園絵びゲゲ方イレ喜活
釣父ゼち影祖父芸の芸レ読活動
書芸りゃム先キエ魔画みイ園猟
レ園書んグ物動娘妻園ダ読写法
いとこり物真猟ハ一絵ャ読物真
グムン猟弟叔母ゲ影陶写姪芸
キハみ写ハ性母レプ編ダり
ダル撮魔書編性魔レ真品ダ撮喜
狩み芸シ書ズ父ク魔芸品ダル
ハ芸子真魔父品猟ク子キ撮孫
ジクエ供の頃興猟陶供ム興ル
味クイ園読陶真ンシ法レキ芸ル狩

兄弟	叔父
おばあちゃん	姉妹
祖父	叔母
子供	父方の
子供の頃	いとこ
母性	祖先

49 - Pflanzen

ャ	喜	ー	ー	活	ハ	エ	狩	味	物	興	活	ベ	魔
ル	ム	レ	ン	品	編	興	物	狩	読	ズ	木	リ	狩
園	ン	レ	ル	ク	品	エ	狩	園	豆	イ	ラ	ー	編
ラ	真	み	ダ	品	苔	ク	キ	園	ク	グ	猟	撮	葉
釣	喜	狩	リ	園	ラ	法	書	興	読	魔	ゲ	レ	レ
編	ム	り	フ	花	物	シ	花	狩	イ	ャ	芸	猟	ゼ
グ	園	ハ	ロ	興	パ	興	弁	興	プ	法	パ	レ	品
影	シ	キ	ー	イ	喜	動	キ	キ	プ	シ	魔	魔	猟
画	ャ	ハ	ラ	ブ	竹	活	活	ー	ダ	法	ク	ラ	プ
レ	芸	ャ	ゼ	イ	ッ	味	絵	肥	料	影	ゼ	ゲ	ジ
ャ	編	パ	絵	ハ	活	シ	肥	ム	影	法	影	活	芸
イ	ャ	プ	法	味	園	根	ュ	物	び	り	リ	パ	魔
庭	ク	森	キ	蔦	法	草	魔	物	ル	魔	陶	ャ	植
サ	ボ	テ	ン	活	ル	品	植	物	学	ム	リ	品	生

ベリー

花弁

植物学

ブッシュ

肥料

フローラ

サボテン

ハーブ

植生

50 - Kunst

オ	絵	件	名	影	芸	み	品	ャ	構	成	ビ	び	ャ
リ	画	イ	ン	ス	パ	イ	ヤ	さ	れ	た	ジ	編	撮
ジ	パ	影	工	興	ズ	書	ズ	キ	詩	動	ュ	陶	シ
ナ	ム	気	分	動	シ	真	ゲ	イ	イ	パ	ア	キ	グ
ル	パ	絵	ル	リ	グ	写	影	ラ	真	ル	ン	品
猟	影	狩	シ	ュ	レ	ア	リ	ス	園	画	ズ	ゲ
個	法	ジ	ン	読	ハ	み	繁	雑	パ	真	ゲ	描	物
人	興	影	ボ	ハ	シ	表	興	活	ゼ	ゲ	キ	く
的	レ	パ	ル	陶	り	現	イ	芸	ン	物	リ	み	影
喜	彫	ー	魔	物	ャ	狩	ム	イ	陶	動	ー	ャ	プ
作	刻	正	ハ	釣	品	ゲ	真	ク	撮	パ	釣	編	芸
成	釣	パ	直	猟	レ	ル	画	パ	芸	真	動	読
陶	パ	動	動	陶	レ	釣	法	キ	釣	動	編	釣
ン	釣	狩	レ	ゲ	セ	ラ	ミ	ッ	ク	狩	グ	編	釣

表現	描く
正直	作成
件名	彫刻
絵画	気分
インスパイヤされた	シュルレアリスム
セラミック	シンボル
繁雑	ビジュアル
オリジナル	構成
個人的	

51 - Gewürze

興	エ	陶	猟	ズ	ハ	サ	ナ	物	イ	真	エ	編	園
エ	読	パ	読	狩	ジ	ワ	ツ	法	エ	活	読	読	物
読	品	芸	リ	真	リ	ー	メ	物	ン	苦	猟	猟	プ
ー	ー	書	ク	真	ャ	法	グ	芸	ジ	ゼ	い	ャ	ャ
動	物	コ	エ	プ	ジ	塩	ー	影	書	猟	り	レ	レ
甘	シ	シ	玉	絵	グ	魔	画	サ	喜	リ	ク	り	真
い	草	ョ	葱	喜	興	み	編	フ	魔	ン	レ	み	ル
り	レ	ウ	び	プ	み	バ	ニ	ラ	陶	ム	物	び	法
ダ	味	ー	み	パ	絵	ニ	ン	ン	カ	物	ダ	モ	ン
キ	影	ー	ガ	プ	ア	ニ	ス	レ	ル	狩	ク	フ	ム
絵	動	喜	猟	シ	リ	ャ	ク	ロ	ー	ブ	魔	ェ	ジ
ク	シ	エ	ー	レ	カ	ゼ	ゼ	影	み	陶	釣	ン	プ
ク	シ	ナ	園	モ	り	撮	ク	品	プ	イ	影	ネ	エ
ゲ	魔	芸	ナ	物	編	魔	み	活	影	読	釣	リ	ダ

アニス	クローブ
苦い	パプリカ
カレー	コショウ
フェンネル	サフラン
ショウガ	サワー
カルダモン	甘い
ニンニク	バニラ
甘草	シナモン
ナツメグ	玉葱

52 - Gemüse

ほうれん草イプサンズアかじブ
物キセロリカリフラワーぼゃロ
イ撮ノ編喜ブダ法ンダテちがッ
絵シンコンニクキダィゃいコ
玉オリーブ品レラみ物チ味もリ
葱法画ゲ画撮影絵ショウガー
プレ物撮芸ンパ法写編ーダ陶グ
園猟品み喜動ド釣品狩ク編プ園
法ズ魔狩エグ撮ウ活撮プンパキ
み書ングイ茄味絵園び釣品セ動
に狩芸み法子興レシキュウリジ
ん興品プりダ品シト釣興プ味グ
じム芸ゼルラ活喜マラズ撮物ム
ん絵レゼ活真ン編ト読味物ー

アーティチョーク	かぼちゃ
茄子	オリーブ
カリフラワー	パセリ
ブロッコリー	キノコ
エンドウ	カブ
キュウリ	サラダ
ショウガ	セロリ
にんじん	ほうれん草
じゃがいも	トマト
ニンニク	玉葱

写	画	感	エ	プ	み	表	ジ	グ	書	姿	芸	ビ	エ
真	プ	情	写	ダ	音	楽	現	興	エ	活	勢	ジ	レ
振	り	付	け	影	魔	書	活	力	画	園	レ	ュ	芸
魔	真	り	体	物	書	興	パ	文	豊	ム	ダ	ア	ゲ
ア	カ	デ	ミ	ー	読	キ	パ	化	か	魔	ル	ル	喜
ン	ン	ゼ	グ	編	園	物	狩	法	リ	絵	な	ク	物
ト	パ	プ	ハ	画	ゼ	び	編	ハ	編	魔	ラ	ジ
釣	ー	動	伝	統	的	リ	ハ	ー	サ	ル	グ	シ	釣
ー	ト	き	活	エ	釣	ズ	ク	影	リ	ゼ	陶	ッ	書
写	ナ	プ	ャ	喜	ャ	ム	り	法	シ	書	ク	真
ク	ー	編	ゲ	ン	編	狩	ル	芸	味	真	活	グ
動	み	グ	ム	ラ	書	法	ン	釣	喜	り	画	猟	ジ
書	シ	ク	ク	動	ー	み	園	味	ズ	品	狩	ゲ	ャ
読	ク	イ	ゼ	プ	パ	撮	編	動	り	画	ゲ	釣	魔

アカデミー	アート
表現力豊かな	音楽
動き	パートナー
振り付け	リハーサル
感情	リズム
姿勢	伝統的
クラシック	ビジュアル
文化	

ズ	園	び	法	ゼ	猟	猟	物	影	レ	園	味	ズ	ゲ
ン	ジ	品	味	ハ	エ	グ	ム	リ	プ	ゲ	園	シ	ジ
リ	興	質	食	用	ビ	タ	ミ	ン	シ	釣	物	グ	書	真
ラ	ジ	ジ	園	ク	グ	ク	釣	プ	ズ	プ	リ	み	み
ー	喜	喜	画	リ	読	ャ	リ	釣	味	釣	撮	ル	ダ
ン	み	ゲ	パ	グ	リ	部	園	味	活	陶	イ	リ	イ
タ	ン	パ	ク	質	り	分	ン	毒	素	パ	グ	品	エ
狩	写	ル	レ	写	狩	レ	魔	ム	ズ	活	ゲ	プ	ッ
ン	ダ	ハ	イ	エ	炭	レ	み	り	画	魔	食	欲	ト
ー	ズ	影	絵	釣	水	栄	養	素	活	ジ	ク	重	味
消	プ	苦	動	ゲ	化	ズ	キ	ゼ	ソ	ラ	ハ	さ	ム
ン	化	撮	い	発	物	カ	ロ	リ	ー	品	書	ャ	書
健	康	エ	読	動	酵	バ	ラ	ン	ス	品	編	ル	撮
シ	真	読	撮	ャ	み	真	リ	喜	り	ジ	元	気	撮

食欲　　　　　　　　　炭水化物
バランス　　　　　　　栄養素
苦い　　　　　　　　　部分
ダイエット　　　　　　タンパク質
食用　　　　　　　　　品質
発酵　　　　　　　　　ソース
元気　　　　　　　　　毒素
健康　　　　　　　　　消化
重さ　　　　　　　　　ビタミン
カロリー

55 - Technologie

```
イ ル 真 撮 品 り 狩 編 一 物 リ リ シ エ
ン 撮 ゲ 画 ラ レ 仮 想 釣 研 書 書 キ 活
タ り 園 品 活 ダ 編 り み 究 編 書 ン 面
ー ブ リ ゲ 釣 物 エ ハ 工 味 み ャ 画 真
ネ ロ イ 撮 園 ク 活 ゲ 絵 ラ 釣 芸 パ 計
ッ グ 猟 び ラ グ フ 味 プ キ 魔 ハ 統 み
ト 写 釣 絵 園 園 絵 ァ バ 活 プ 味 撮 グ
猟 デ ダ ク 魔 び キ ダ イ 品 法 レ コ ト
カ ー ソ ル 影 カ グ ダ ト ル フ ォ ン 絵
ル タ フ 興 魔 リ メ ブ 書 キ 猟 リ ピ ズ
安 全 ト 写 興 写 ッ ラ ジ 法 法 法 ュ ゲ
影 ハ ウ イ ル ス セ ウ り グ シ パ ー ル
狩 猟 ェ 書 ズ ゼ ー ザ パ 猟 デ ジ タ 物
編 イ ア エ 味 品 ジ ハ エ ジ 画 ャ み
```

画面　　　　　　インターネット
ブログ　　　　　カメラ
ブラウザ　　　　メッセージ
バイト　　　　　フォント
コンピュータ　　安全
カーソル　　　　ソフトウェア
ファイル　　　　統計
データ　　　　　仮想
デジタル　　　　ウイルス
研究

56 - Wasser

味	パ	び	シ	洪	パ	リ	喜	動	陶	喜	ー	キ	絵
園	湿	シ	園	水	ル	霜	猟	品	真	プ	狩	キ	陶
書	度	エ	ダ	び	ジ	品	波	活	蒸	ズ	エ	味	ン
品	ダ	ー	喜	読	品	海	編	喜	発	グ	狩	狩	リ
編	書	ン	絵	レ	ー	狩	洋	興	湖	ャ	喜	画	雪
ー	法	真	ゼ	イ	リ	喜	編	ル	芸	り	キ	エ	編
画	り	間	欠	泉	シ	編	撮	川	絵	影	読	猟	シ
画	書	味	み	イ	シャ	編	蒸	興	動	イ	み	活	陶
灌	漑	エ	ダ	プ	ワ	モ	蒸	気	ズ	編	影	物	影
シ	飲	ハ	リ	ケ	ー	ン	ル	リ	陶	書	キ	書	狩
イ	め	活	喜	ル	イ	ス	動	ャ	書	園	氷	ム	ク
陶	る	画	運	河	グ	ー	魔	法	味	み	陶	ゲ	興
び	グ	陶	書	興	狩	ン	キ	レ	ハ	編	猟	ズ	キ
ジ	イ	撮	芸	真	芸	芸	品	湿	った	興	雨	芸	

灌漑
蒸気
シャワー
湿った
湿度
洪水
間欠泉

ハリケーン
運河
モンスーン
海洋
飲める
蒸発

57 - Science Fiction

イ	デ	撮	惑	ル	オ	グ	ゲ	ジ	書	シ	グ	影	グ
ゼ	リ	ィ	星	書	ラ	ユ	味	活	芸	化	学	薬	品
ゲ	興	ュ	ス	籍	ク	ー	シ	ナ	リ	オ	活	撮	ム
ル	ャ	ダ	ー	ト	ル	ト	活	法	ジ	グ	芸	ー	リ
パ	ダ	興	興	ジ	ピ	活	品	び	法	ハ	陶	爆	グ
み	品	真	プ	猟	ョ	品	エ	ム	品	読	園	発	興
味	ゲ	活	喜	イ	み	ン	ロ	ズ	真	ム	影	び	書
ー	リ	動	味	動	パ	ボ	絵	ジ	興	ル	び	絵
ー	ン	未	み	興	グ	ャ	ム	ッ	グ	ク	猟	ー	書	興
画	影	来	技	術	世	界	ト	釣	喜	喜	銀	イ	書
神	秘	的	な	喜	り	園	エ	イ	絵	ゲ	ム	河	編
シ	写	園	魔	ズ	品	プ	ャ	狩	り	プ	猟	釣	味
ネ	ラ	火	読	ジ	陶	活	ー	ャ	ン	ル	り	猟	物
マ	虚	数	現	実	的	動	ム	ラ	素	晴	ら	し	い

書籍
化学薬品
ディストピア
爆発
素晴らしい
未来的
銀河
神秘的な
イリュージョン
虚数

シネマ
オラクル
惑星
現実的
ロボット
シナリオ
技術
ユートピア
世界

58 - Haustiere

ト	イ	足	法	ャ	グ	プ	プ	オ	ラ	物	物	キ	狩
カ	メ	影	物	陶	魔	画	ハ	ウ	ー	釣	ャ	グ	猟
ゲ	シ	真	ゲ	ン	猫	画	興	ム	陶	尾	活	イ	書
物	動	ね	り	猟	園	物	味	レ	編	ン	釣	ハ	撮
釣	レ	ず	ム	ー	び	水	編	猟	動	襟	編	陶	ラ
ハ	ム	み	リ	活	狩	猟	イ	物	魔	み	ダ	編	ズ
エ	ゲ	ズ	パ	画	み	子	猫	エ	品	パ	ゼ	キ	編
ゲ	芸	ー	興	ク	ル	動	読	ー	キ	動	魔	味	芸
ハ	ム	ス	タ	ー	ャ	牛	ヤ	ギ	絵	写	影	品	キ
キ	編	エ	魚	味	画	魔	ム	う	ク	ク	影	物	ム
読	興	プ	リ	ン	ャ	子	犬	絵	さ	絵	品	法	味
プ	釣	ダ	ー	み	興	爪	味	興	ギ	絵	喜	ゼ	興
獣	び	ゼ	ズ	び	ム	編	キ	書	食	物	レ	興	キ
絵	医	撮	動	動	影	レ	魔	プ	編	ル	ハ	活	キ

トカゲ   オウム
食べ物   カメ
ハムスター   獣医
うさぎ   子犬
子猫   ヤギ
ねずみ

59 - Geburtstag

ゼ	ゼ	釣	味	ハ	ズ	キ	真	品	レ	ン	真	プ	活
画	ク	イ	猟	み	ッ	キ	ャ	ン	ド	ル	び	画	撮
パ	ゼ	ン	編	ャ	ピ	パ	興	ー	味	シ	ャ	び
学	ぶ	た	に	年	狩	ー	カ	レ	ン	ダ	ー	真
グ	影	プ	味	活	魔	ャ	テ	ー	ゲ	レ	ス	画	物
釣	陶	ゼ	陶	書	品	ラ	ィ	ド	ャ	び	ペ	工	活
品	ゼ	品	お	ク	楽	シ	ー	ル	ン	ル	シ	絵	ゲ
物	ラ	品	写	絵	祝	し	ム	動	喜	キ	画	ャ	味	歌	興
ケ	ー	キ	ハ	若	い	友	達	ハ	ク	ム	ル	リ	ゲ
ダ	レ	キ	陶	撮	日	法	生	物	グ	知	物	プ	間
贈	り	物	キ	ハ	品	シ	ま	真	動	グ	恵	時	び
真	品	釣	猟	物	工	芸	れ	招	活	プ	絵	ジ	ン
動	パ	動	影	法	編	び	編	待	物	リ	ハ	猟	撮
シ	写	撮	絵	味	釣	画	ム	状	真	法	撮	ダ	撮

招待状	キャンドル
お祝い	ケーキ
友達	学ぶために
生まれ	パーティー
贈り物	楽しい
ハッピー	スペシャル
若い	知恵
カレンダー	時間
カード	

60 - Literatur

ダ	リ	ラ	ム	シ	分	析	ム	品	品	魔	物	ラ	狩
影	興	編	魔	み	読	ム	喜	イ	動	法	イ	真	ク
絵	書	狩	釣	編	レ	物	グ	り	興	ゼ	ゼ	猟	ン
ー	法	ー	真	物	説	味	真	魔	り	芸	活	シ
結	論	キ	品	品	釣	明	編	グ	画	釣	撮	ー
キ	ム	ル	味	品	動	詩	小	著	悲	法	み	イ
釣	猟	影	画	書	ル	的	説	シ	劇	テ	び	り
陶	プ	編	ム	味	ャ	プ	品	ス	レ	ー	タ	画
猟	園	ダ	ハ	キ	読	ゼ	画	タ	魔	シ	逸
レ	韻	絵	比	較	魔	レ	ラ	狩	イ	味	園	対	話
絵	ハ	活	読	喩	ゼ	魔	シ	活	園	ル	画	シ
狩	ャ	ズ	品	リ	ズ	ム	エ	読	イ	園	写	興
絵	フ	ィ	ク	シ	ョ	ン	ジ	活	伝	記	プ	品
味	リ	ハ	書	魔	類	推	魔	詩	パ	び	ク	味

類推   比喩
分析   詩的
逸話   リズム
著者   小説
説明   結論
伝記   スタイル
対話   テーマ
ナレーター   悲劇
フィクション   比較

61 - Wandern

オ	ハ	ー	グ	イ	り	園	ー	パ	撮	動	パ	ー	猟
魔	リ	書	狩	り	び	喜	興	影	イ	物	ハ	写	り
準	備	エ	キ	園	ラ	写	読	動	キ	絵	ル	法	真
キ	ラ	ゲ	ン	ク	ー	み	キ	り	ム	ダ	ル	ム	写
写	喜	釣	喜	テ	ブ	絵	読	ラ	活	法	ク	園	書
狩	自	法	リ	真	ー	影	画	レ	ク	エ	ハ	ー	興
び	然	芸	シ	園	ツ	シ	プ	ー	ン	エ	動	シ	活
キ	ャ	ン	プ	撮	釣	ョ	ゼ	ク	画	真	ハ	ゼ
ラ	キ	読	書	石	プ	レ	ジ	ン	編	釣	ガ	園	太
編	り	狩	サ	野	生	喜	ク	水	味	絵	レ	イ	陽
読	り	ル	ミ	品	読	品	法	パ	味	画	魔	重	ド
り	地	図	ッ	猟	活	ム	み	疲	れ	た	撮	絵	い
釣	天	気	ト	ー	グ	み	崖	撮	山	物	書	真	影
写	絵	ラ	候	公	園	り	興	ゲ	プ	パ	プ	プ	影

キャンプ	公園
ガイド	重い
サミット	太陽
地図	ブーツ
気候	動物
疲れた	準備
自然	天気
オリエンテーション	野生

62 - Länder #2

```
ケ 動 ジ ャ ウ ク ラ イ ナ イ ジ ェ リ ア
ニ 影 魔 ン ネ パ ー ル 喜 ア ャ ロ シ ア
ア ア ル バ ニ ア キ 猟 喜 イ マ ハ イ リ
猟 パ ゼ 味 グ ラ オ ス プ ル イ 釣 イ エ
園 活 撮 イ ラ 芸 写 編 タ ラ カ リ 動 チ
ジ 真 ズ び 活 シ シ フ ラ ン ス ベ 撮 オ
キ ム 動 園 撮 写 園 び ゼ ド リ リ 魔 ピ
ル 編 日 本 ダ 活 写 編 絵 イ ア 魔 ア
法 リ キ プ キ 品 真 ラ ジ 書 シ レ グ 狩
ギ 書 メ ャ 書 法 り 園 ジ ク ダ ン 法 編
ハ リ キ 写 陶 ウ ガ ン ダ パ 興 レ パ 陶
イ イ シ リ ア ゼ グ 写 味 絵 ル 園 動 園
り グ コ ャ ス ー ダ ン 影 プ 法 ン 読 ム
動 活 画 写 ラ 興 編 喜 活 び 喜 イ 絵 撮
```

アルバニア	リベリア
エチオピア	メキシコ
フランス	ネパール
ギリシャ	ナイジェリア
ハイチ	パキスタン
アイルランド	ロシア
ジャマイカ	スーダン
日本	シリア
ケニア	ウガンダ
ラオス	ウクライナ

63 - Fahrzeuge

陶	釣	エ	ム	猟	ー	写	キ	園	ラ	キ	ハ	撮	猟
リ	ェ	味	狩	エ	ジ	法	グ	プ	ハ	写	ゲ	エ
シ	芸	エ	ゼ	ゼ	ー	り	興	ム	猟	品	グ	撮	ー
読	み	ル	園	法	動	ム	イ	み	園	ヘ	ー	ハ	び
味	動	ャ	ラ	撮	活	み	び	シ	喜	リ	キ	イ	ハ
芸	猟	キ	ロ	び	地	ジ	り	自	品	コ	ト	狩	グ
撮	写	ャ	ケ	グ	下	救	活	転	ャ	プ	ラ	り	パ
び	ト	ラ	ッ	ク	鉄	急	フ	車	ジ	タ	ク	シ	ー
列	車	バ	ト	喜	絵	車	レ	ェ	モ	ー	タ	ー	み
び	猟	ン	ス	ク	ー	タ	ー	り	リ	味	ー	猟	シ
品	編	絵	飛	影	ボ	ー	ト	バ	び	ー	ク	潜	グ
ル	タ	イ	ヤ	行	書	魔	ラ	ャ	ス	陶	ク	水	み
撮	ゲ	び	リ	絵	機	真	真	ゼ	魔	ゼ	園	艦	ズ
ズ	ー	ゼ	味	ン	パ	ク	い	か	だ	シ	真	ャ	ラ

ボート	ロケット
バス	タイヤ
自転車	スクーター
フェリー	タクシー
いかだ	トラクター
飛行機	地下鉄
ヘリコプター	潜水艦
救急車	キャラバン
トラック	列車
モーター	

64 - Badezimmer

シ	法	画	ダ	泡	真	ゼ	写	プ	ズ	ジ	リ	読	活
撮	ャ	興	読	ク	パ	み	釣	ー	活	み	撮	活	シ
ハ	芸	ン	絵	物	芸	興	レ	ダ	ー	興	リ	工	真
品	ム	ン	プ	ャ	読	プ	エ	法	絵	園	ダ	び	影
プ	ク	芸	狩	ー	プ	ラ	ダ	味	レ	物	猟	釣	猟
は	猟	り	び	ハ	活	ク	喜	プ	ー	書	グ	ラ	法
魔	さ	パ	蛇	ロ	香	レ	撮	喜	猟	撮	園	園	ジ
ャ	読	み	ム	ロ	水	ゼ	ク	ダ	魔	び	法	喜	イ
絵	ル	ズ	グ	ー	ム	シ	ラ	グ	活	絵	影	キ	書
タ	オ	ル	味	シ	猟	ゲ	園	書	ズ	影	ゼ	編	ン
ャ	石	鹸	画	ョ	シ	ャ	ワ	ー	ト	撮	編	法	ゼ
パ	読	ス	ポ	ン	ジ	真	プ	ジ	イ	水	工	浴	ダ
ラ	ラ	蒸	気	撮	鏡	興	狩	ダ	レ	撮	真	魔	物
エ	ハ	書	絵	レ	ゲ	喜	動	法	グ	ー	ジ	品	プ

蒸気	スポンジ
シャワー	石鹸
タオル	シャンプー
ローション	ラグ
香水	トイレ
はさみ	蛇口

65 - Musikinstrumente

```
フ ル ー ト ロ ン ボ ー ン ハ 影 オ サ ト
活 パ 影 真 ダ み 味 シ ル ー 影 ー ッ ラ
ギ タ ー ル 釣 ル 喜 活 シ プ 芸 ボ ク ン
び バ ハ 画 読 絵 バ イ オ リ ン エ ス ペ
陶 マ ン ド リ ン グ 興 影 チ ェ ロ ド ッ
ゴ ン グ ジ ファ ゴ ッ ト グャ 動 ラ ト
ル キ 芸 タ ョ ダ 魔 画 り 猟 猟 イ ム キ
味 ズ ン 興 ン ー イ ャ 撮 書 書 園 ム ル
ズ 味 芸 園 ャ バ ル ム 写 編 シ 狩 釣 ピ
ハ ー モ ニ カ 興 リ ク ラ リ ネ ッ ト ア
ム パ ー カ ッ ショ ン び ジ 法 絵 品 ノ
興 物 喜 プ ゲ 物 レ イ シ キ 味 レ ズ ル
芸 動 物 ゼ ズ み び ラ 撮 リ び キ 物 魔
陶 ジ 興 プ シ 真 読 り キ ハ ズ パ 興 猟
```

バンジョー	ピアノ
チェロ	マンドリン
ファゴット	ハーモニカ
フルート	オーボエ
バイオリン	トロンボーン
ギター	サックス
チャイム	パーカッション
ゴング	タンバリン
ハープ	ドラム
クラリネット	トランペット

66 - Blumen

ひ	ト	ー	物	画	キ	活	プ	ャ	ラ	イ	ラ	ッ	ク
ま	ケ	ゲ	リ	ダ	ー	絵	エ	ズ	ク	ラ	ベ	百	グ
わ	イ	ン	狩	喜	画	マ	グ	ノ	リ	ア	ン	芸	合
り	ソ	プ	ル	メ	リ	ア	び	興	絵	興	ダ	ズ	味
物	ウ	味	び	イ	撮	牡	丹	デ	イ	ジ	ー	園	び
法	パ	釣	ム	ク	ム	プ	喜	絵	興	リ	レ	ャ	狩
び	影	ダ	エ	真	編	品	影	蘭	品	ハ	み	グ	レ
撮	ジ	イ	ハ	書	書	び	キ	ー	陶	ク	撮	興	チ
イ	ャ	物	園	ク	陶	花	ゼ	撮	書	喜	キ	撮	ュ
撮	ス	ジ	グ	ロ	活	弁	束	ズ	魔	読	魔	読	ー
タ	ミ	パ	真	ー	ク	影	ム	ム	グ	レ	活	影	リ
動	ン	プ	画	バ	チ	喜	興	画	ゲ	ク	び	魔	ッ
ダ	法	ポ	ピ	ー	ナ	法	ハ	イ	ビ	ス	カ	ス	プ
興	み	活	ポ	絵	シ	び	絵	書	ラ	イ	狩	味	ン

花弁	タンポポ
クチナシ	マグノリア
デイジー	ポピー
ハイビスカス	トケイソウ
ジャスミン	牡丹
クローバー	プルメリア
ラベンダー	ひまわり
ライラック	花束
百合	チューリップ

67 - Natur

イ	真	ラ	クャ	影	興	陶	パ	魔	撮	シ	シャ
ハ	撮	ー	影	ジ	シ	み	ト	ロ	ピ	カ	ル	シ	び
シ	釣	釣	ー	品	絵	り	魔	喜	猟	ゲ	砂	漠	影
興	ェ	興	読	ゲ	書	穏	やか	園	ク	狩	ク	味
ラ	興	ル	ズ	み	ゲ	動	キ	美	しさ	野	狩	シ
ラ	動	品	タ	書	画	写	真	レ	霧	び	生	パ	ダ
ズ	り	書	猟	ー	レ	リ	ル	動	動	ズ	ダ	グ	ン
釣	ゲ	ゲ	喜	味	法	ム	グ	レ	的	ー	シ	園	撮
り	森	物	品	ジ	重	エ	び	芸	ジ	撮	北	絵	絵
レ	園	ク	ハ	エ	要	ジ	活	画	リ	極	書	ジ
サ	ン	ク	チュ	ア	リ	ム	リ	山	シ	リ	蜂	猟
物	魔	編	ャ	編	真	釣	ム	絵	氷	河	平	和	イ
侵	食	絵	葉	イ	川	プ	興	編	法	絵	品	プ	絵
ラ	ン	物	真	ダ	写	び	ハ	動	物	ラ	ズ	絵	ラ

北極　　　　　　　重要
動的　　　　　　　美しさ
侵食　　　　　　　シェルター
平和　　　　　　　動物
氷河　　　　　　　トロピカル
サンクチュアリ　　野生
穏やか　　　　　　砂漠

```
ク ホ 活 プ 品 外 国 人 ゲ レ ビ ザ 休 日
園 ジ テ 法 物 レ キ 真 シ ジ 釣 イ び り
魔 品 ン ル リ ハ 味 ジ 影 ャ ジ ハ ク 読
パ 釣 ト ャ 読 タ 釣 ク シ ー パ 動 魔 ー
ル シ ジ 影 活 ャ 釣 ゲ ズ レ ス ト ラ ン
絵 エ び プ ビ ー チ エ 園 グ ポ 狩 山 ズ
シ 興 ハ ー レ 書 イ 真 パ 釣 ー 編 エ ム
品 絵 ャ リ キ 動 狩 書 ー ダ ト り リ ラ
シ エ 喜 法 読 び 狩 編 喜 芸 島 ら み 法
画 海 ー り シ ゼ び 絵 り ク 芸 動 シ ー
シ 活 リ 書 グ 空 行 き 先 キ 列 車 プ ハ
法 絵 グ リ エ ハ 港 写 撮 ャ ズ ハ 味 交
陶 ハ ハ ー ン 旅 魔 地 ン ダ 興 釣 通 パ
法 グ 動 撮 イ 物 レ 図 狩 プ レ 読 読 パ
```

外国人	ビーチ
キャンプ	タクシー
空港	交通
レジャー	休日
ホテル	ビザ
地図	テント
パスポート	行き先
レストラン	列車

69 - Zirkus

法	パ	ゲ	ジ	り	ゼ	コ	物	物	活	活	絵	興	写
壮	活	魔	ャ	び	グ	ス	ト	リ	ッ	ク	法	工	び
動	観	り	グ	写	編	チ	パ	魔	興	ラ	猿	読	リ
絵	客	な	ラ	ー	物	ュ	パ	レ	ー	ド	イ	ハ	魔
風	船	猟	ー	法	り	ー	リ	ク	影	法	物	オ	テ
チ	ケ	ッ	ト	シ	魔	ム	ズ	画	ャ	品	シ	レ	ン
動	ゲ	み	絵	猟	園	法	リ	ラ	り	味	画	味	ト
画	魔	ー	象	絵	ン	ャ	ャ	み	ゼ	味	ク	画	イ
工	猟	ャ	ズ	パ	影	狩	グ	ゲ	読	ー	び	読	ラ
グ	み	写	ゼ	び	ピ	釣	釣	ク	リ	読	品	レ	ゼ
プ	動	画	ジ	み	エ	ム	ズ	グ	釣	書	ル	ン	興
真	物	虎	シ	グ	ロ	ム	撮	活	ル	ダ	陶	パ	活
釣	編	芸	ハ	芸	ダ	ア	ク	ロ	バ	ッ	ト	み	工
絵	シ	音	楽	影	ゲ	レ	写	ム	ゼ	ラ	法	絵	ー

アクロバット	音楽
風船	パレード
ピエロ	壮観な
チケット	動物
ジャグラー	トリック
コスチューム	テント
ライオン	観客
魔法	

70 - Barbecues

レ	タ	食	ゼ	興	ム	ジ	読	猟	プ	ン	み	み	活
パ	物	ー	パ	飢	書	ゲ	ゲ	真	ゲ	ン	キ	エ	家
パ	狩	真	ー	餓	び	ャ	コ	ン	ホ	ナ	イ	フ	族
読	エ	料	理	り	猟	ズ	シ	び	ー	ッ	り	ソ	興
サ	ラ	ダ	レ	リ	品	エ	ョ	物	プ	ム	ー	ー	味
シ	ン	レ	動	プ	動	ン	ウ	興	ラ	プ	味	動	み
芸	チ	芸	陶	り	活	狩	絵	写	ン	プ	味	動	レ
野	活	ズ	陶	ハ	書	ル	ジ	写	ン	シ	ン	シ	キ
菜	夏	フ	ォ	ー	ク	ゼ	音	ズ	ャ	エ	読	読	子
興	喜	ル	陶	ゲ	狩	チ	楽	魔	エ	撮	書	釣	供
パ	ハ	ー	撮	物	グ	猟	キ	ン	品	ク	真	レ	達
ャ	写	ツ	パ	ャ	書	リ	キ	ン	ゲ	ー	ム	キ	ク
狩	パ	影	ム	陶	ジ	み	ル	喜	読	編	画	影	真
陶	写	狩	釣	塩	パ	ー	画	レ	読	法	プ	猟	園

夕食	子供達
家族	料理
フルーツ	ナイフ
フォーク	ランチ
野菜	音楽
グリル	コショウ
ホット	サラダ
チキン	ソース
飢餓	ゲーム

エ	品	シ	ラ	び	食	ベ	物	び	ゼ	り	真	ー	絵
ゲ	プ	冷	凍	庫	ボ	ウ	ル	ン	撮	ク	ャ	物	ラ
イ	撮	ロ	ム	エ	狩	動	レ	品	釣	影	写	芸	陶
猟	水	プ	ン	陶	陶	ズ	キ	狩	動	影	ル	書	プ
陶	リ	差	釣	編	芸	エ	書	活	シ	芸	プ	味	ム
撮	ダ	ム	し	ジ	編	ダ	ジ	物	ナ	プ	キ	ン	ダ
品	ダ	ラ	ジ	プ	動	陶	書	ス	パ	イ	ス	法	読
猟	ャ	ゲ	ン	り	画	陶	ジ	ポ	喜	陶	フ	読	り
フ	ゼ	魔	喜	プ	ズ	ャ	狩	ン	グ	法	り	み	冷
ォ	リ	撮	ャ	物	物	キ	読	ジ	グ	読	ー	編	蔵
ー	シ	キ	釣	狩	プ	ャ	ス	リ	リ	ハ	魔	び	庫
ク	レ	イ	ー	読	カ	ッ	プ	箸	ル	ダ	ゲ	び	活
品	シ	ケ	ト	ル	キ	オ	ー	ブ	ン	興	ハ	グ	芸
編	ピ	園	ム	シ	プ	レ	ン	物	書	グ	物	喜	影

食べ物	オーブン
フォーク	レシピ
冷凍庫	エプロン
スパイス	ボウル
グリル	スポンジ
水差し	ナプキン
冷蔵庫	カップ
スプーン	ケトル
ナイフ	

72 - Schach

```
写 ャ プ チ コ キ 学 ハ 喜 ブ イ プ リ ゲ
書 ル レ ャ ン 品 品 ぶ 猟 キ ラ エ 写 真
撮 興 ー ン テ 品 ズ レ た 品 活 ッ 絵 パ
物 レ ヤ ピ ス 狩 魔 ズ め 編 レ ク 釣 ッ
犠 牲 ー オ ト 対 読 味 に 陶 釣 ラ シ ブ
物 物 キ ン グ 角 ル ー ル レ 物 撮 ラ 味
喜 ャ 女 真 猟 グ ナ ズ イ ー グ ズ ト 画
ズ ハ 王 プ ズ 編 興 メ ゲ ポ イ ン ト 魔
釣 動 絵 ジ 陶 芸 画 ン ー 物 狩 品 書 エ
り パ グ ダ ジ ズ 陶 ト ム パ 園 喜 イ 戦
ー 興 ハ 法 真 エ 真 動 ン ル 興 書 プ 略
猟 ジ 時 間 り リ 画 相 シ イ 味 物 味 釣
絵 ジ エ 編 ゼ ハ 法 賢 手 ゲ 味 魔 味 ム
法 撮 キ パ グ 猟 白 い ル 編 イ ム ー ン
```

チャンピオン　　　　　ルール
対角　　　　　　　　　ブラック
相手　　　　　　　　　ゲーム
賢い　　　　　　　　　プレーヤー
キング　　　　　　　　戦略
女王　　　　　　　　　トーナメント
学ぶために　　　　　　白い
犠牲　　　　　　　　　コンテスト
パッシブ　　　　　　　時間
ポイント

73 - Erhaltung

ナ	猟	ズ	キ	ゲ	撮	ハ	み	影	ハ	ン	陶	絵	活
活	チ	動	狩	法	ジ	ク	芸	活	動	ゼ	ダ	品	法
プ	ハ	ュ	ゲ	活	動	削	法	書	エ	び	編	リ	パ
プ	編	編	ラ	み	環	境	減	興	生	息	地	健	化
読	キ	ズ	ゼ	ル	エ	パ	喜	ル	態	ル	園	康	学
影	編	農	イ	リ	サ	イ	ク	ル	系	ル	ズ	陶	薬
プ	釣	薬	陶	猟	イ	ハ	キ	興	撮	パ	品	編	品
味	パ	味	狩	魔	ク	猟	み	ン	エ	ー	法	ラ	レ
編	陶	工	釣	陶	ル	絵	園	絵	ン	写	ゼ	緑	グ
ハ	ン	ン	パ	物	ン	エ	ク	り	持	続	可	能	り
キ	園	リ	芸	キ	読	影	絵	喜	猟	ー	物	ラ	釣
読	ダ	ジ	芸	パ	汚	染	ル	ボ	ラ	ン	ティ	ア	ア
イ	陶	味	品	シ	園	猟	グ	ジ	グ	興	有	ク	教
水	釣	シ	気	候	ャ	び	ム	ゼ	ジ	味	読	機	育

教育
化学薬品
ボランティア
健康
気候
生息地
持続可能
ナチュラル

有機
生態系
農薬
リサイクル
削減
環境
汚染
サイクル

74 - Geographie

書	ゲ	動	猟	び	法	高	度	国	興	ー	イ	地	パ
エ	ダ	市	書	半	イ	北	リ	プ	写	ズ	味	ム	図
ゼ	真	山	地	球	物	シ	ラ	ジ	釣	狩	エ	緯	釣
法	ハ	陶	域	ル	影	ク	ゲ	み	ャ	ル	編	度	度
ル	狩	シ	芸	レ	ム	釣	キ	狩	イ	グ	狩	品	品
子	午	線	影	喜	ア	ト	影	味	ダ	ダ	動	エ	工
芸	品	喜	ャ	キ	川	法	ラ	ジ	り	ム	味	猟	猟
ズ	陶	ゼ	喜	赤	道	活	ラ	エ	編	イ	読	読	読
イ	レ	ダ	編	ジ	ゲ	真	リ	プ	猟	ダ	西	ャ	ャ
み	写	ゲ	芸	陶	活	影	ズ	真	グ	ク	海	写	写
ダ	狩	大	陸	海	ズ	法	ム	ゼ	法	喜	洋	ャ	ズ
撮	釣	ゼ	ゼ	写	法	影	ゼ	ー	品	法	ダ	ズ	り
島	ル	ム	ン	領	ク	活	ク	び	写	興	プ	り	エ
ゼ	世	界	釣	域	ン	真	グ	み	撮	読	レ	エ	

アトラス   地図
赤道   大陸
緯度   子午線
地域   海洋
半球   領域
高度   世界

セ	真	五	グ	釣	活	編	四	一	編	レ	読	み	ラ
ブ	ゼ	ャ	魔	狩	十	三	ラ	読	三	品	ゲ	ラ	み
ン	み	絵	ル	ム	五	グ	レ	シ	書	ム	ハ	味	狩
テ	ゼ	ロ	猟	画	物	エ	魔	ニ	ク	ラ	ズ	ャ	グ
ィ	ニ	み	味	物	活	ク	ー	十	二	ゲ	絵	興	味
ー	パ	狩	エ	レ	ハ	法	釣	影	釣	絵	編	芸	猟
ン	み	ジ	リ	読	喜	釣	ダ	ム	プ	猟	り	陶	園
び	グ	魔	書	レ	写	書	活	魔	動	味	ク	影	ゼ
写	品	物	ハ	真	園	キ	活	八	六	動	狩	み	ハ
グ	陶	真	ク	読	猟	動	パ	活	陶	園	ャ	パ	シ
狩	リ	物	狩	書	小	活	り	編	芸	み	キ	物	撮
ゲ	び	ル	レ	十	数	猟	十	四	キ	り	セ	絵	ル
書	ャ	魔	編	九	六	撮	芸	八	写	ャ	ブ	品	エ
書	陶	ジ	ャ	パ	ジ	編	み	プ	撮	ク	ン	工	書

十八
小数
十三
十五
十九
ゼロ

十六
セブン
セブンティーン
十四
二十
十二

76 - Kunst Liefert

イ	創	造	性	画	リ	写	猟	ゲ	活	ズ	ン	ゲ	真
ー	ャ	真	影	喜	ク	レ	ヨ	ン	読	ゼ	園	み	油
ゼ	ゼ	色	キ	品	シ	真	リ	ゲ	ゲ	イ	ハ	レ	ム
ル	編	絵	品	ゲ	物	真	グ	釣	ー	動	り	リ	ャ
ハ	芸	イ	ゼ	エ	画	猟	プ	動	ア	イ	デ	ア	園
テ	ー	ブ	ル	ジ	キ	猟	品	影	ク	芸	の	ゼ	ジ
消	椅	子	イ	狩	編	ラ	粘	品	リ	ブ	イ	り	編
猟	し	ダ	ン	真	プ	品	土	ル	ラ	シ	ラ	炭	影
グ	エ	ゴ	ク	喜	読	ゲ	シ	真	シ	プ	グ	ラ	味
り	ジ	グ	ム	プ	編	味	陶	ー	狩	ズ	イ	イ	プ
品	撮	読	み	ラ	撮	活	カ	メ	ラ	パ	イ		紙
パ	び	釣	ル	ゼ	グ	編	園	写	イ	写	陶		書
品	プ	法	シ	ク	ル	編	鉛	書	パ	ャ	陶	キ	活
喜	釣	ダ	ム	シ	絵	ル	筆	喜	猟	ズ	絵	味	ル

アクリル   のり
鉛筆   消しゴム
クレヨン   イーゼル
ブラシ   椅子
アイデア   テーブル
カメラ   インク
創造性   粘土

77 - Tage und Monate

法	キ	真	カ	味	ゲ	り	ゼ	ニ	月	ラ	編	り	ゼ
ル	六	月	レ	釣	り	陶	魔	火	曜	日	写	狩	影
セ	プ	テ	ン	バ	ー	ン	パ	エ	日	曜	日	ム	プ
り	リ	書	ダ	影	園	画	ム	ゲ	ャ	味	魔	園	ラ
ー	撮	シ	ー	絵	イ	ゼ	活	興	ャ	真	り	書	リ
動	ャ	十	猟	法	ジ	猟	写	魔	品	園	園	ダ	物
パ	リ	画	ー	び	影	絵	撮	画	ム	写	編	狩	イ
エ	ム	五	月	月	魔	シ	年	ダ	ジ	ル	猟	絵	釣
ズ	狩	書	木	エ	画	ー	金	芸	ム	ズ	八	狩	ズ
エ	土	曜	日	曜	ャ	行	曜	水	曜	日	月	び	釣
ク	法	芸	週	シ	日	進	日	絵	園	リ	ダ	品	り
ム	ゼ	ラ	月	エ	喜	ム	プ	芸	法	パ	ム	ズ	味
ャ	ム	品	七	月	ー	画	ゼ	物	活	釣	び	ク	シ
エ	イ	プ	リ	ル	ラ	写	シ	活	書	リ	ダ	真	ル

エイプリル	五月
八月	行進
火曜日	水曜日
木曜日	月曜日
二月	十一月
金曜日	土曜日
七月	セプテンバー
六月	日曜日
カレンダー	

78 - Piraten

ア	ラ	品	り	り	地	編	法	読	猟	ラ	ム	酒	釣
ン	ン	芸	真	び	図	ハ	ズ	写	ビ	陶	キ	活	島
カ	物	絵	ラ	り	プ	園	ク	ル	ー	剣	狩	動	シ
ー	動	絵	絵	び	プ	撮	パ	陶	チ	傷	影	味	撮
陶	編	編	動	芸	ハ	ャ	魔	読	興	跡	真	猟	パ
び	猟	ー	活	読	品	宝	ゴ	ー	ル	ド	リ	ャ	ジ
伝	説	絵	狩	ジ	狩	ム	旗	ジ	キ	物	真	リ	魔
コ	ゲ	ル	キ	芸	書	芸	写	り	パ	芸	撮	洞	窟
イ	り	ダ	ズ	ゼ	絵	ハ	パ	シ	レ	絵	み	ラ	ズ
ン	ン	イ	真	動	猟	物	ゲ	影	喜	パ	編	ラ	コ
ハ	品	ン	撮	興	魔	グ	狩	危	キ	ャ	プ	テ	ン
オ	書	陶	ハ	ジ	園	ラ	冒	険	険	絵	撮	興	パ
ウ	ム	キ	法	ー	品	ャ	味	イ	絵	ズ	悪	い	ス
ム	グ	ズ	ク	味	園	ゲ	キ	釣	ダ	真	興		ラ

冒険	コンパス
アンカー	伝説
クルー	コイン
危険	傷跡
ゴールド	オウム
洞窟	ラム酒
キャプテン	悪い
地図	ビーチ

79 - Emotionen

ハ	活	ク	キ	退	屈	物	興	ル	狩	ル	満	ダ	魔
安	心	ラ	品	イ	み	動	猟	園	狩	写	足	魔	み
シ	ハ	真	園	真	園	ム	親	ク	恥	静	ゼ	キ	ク
ゲ	影	イ	物	エ	絵	恐	切	魔	ず	品	け	パ	読
撮	キ	び	芸	イ	撮	怖	絵	優	か	画	シ	さ	同
園	ー	レ	悲	ル	喜	物	ゲ	品	し	影	味	ャ	情
読	ダ	物	ク	し	法	陶	興	ダ	い	さ	り	写	パ
怒	味	喜	法	興	み	リ	ダ	り	魔	写	釣	テ	撮
り	画	法	撮	書	魔	活	ズ	興	コ	ン	テ	ン	ツ
ズ	写	撮	活	喜	編	味	パ	喜	魔	品	ハ	す	み
平	和	み	パ	び	喜	感	謝	し	て	い	ます	ダ	
り	ダ	ハ	ゼ	猟	ル	園	ジ	興	読	ー	陶	真	愛
味	猟	狩	シ	ク	び	キ	法	ラ	ル	ン	リ	編	活
編	読	ダ	陶	び	ク	写	ー	喜	猟	味	ハ	パ	ム

恐怖	安心
恥ずかしい	静けさ
感謝しています	同情
喜び	悲しみ
親切	怒り
平和	優しさ
コンテンツ	満足
退屈	

80 - Zu Füllen

ボ	撮	ャ	バ	り	絵	魔	チ	ン	味	リ	絵	画	喜
ト	レ	イ	ケ	レ	ラ	り	花	ュ	ン	影	画	芸	イ
ル	ジ	ゲ	ツ	狩	ル	リ	瓶	カ	ー	ト	ン	動	狩
イ	味	喜	浴	槽	キ	シ	撮	り	イ	ブ	ャ	ル	画
ジ	ダ	猟	興	園	写	絵	ラ	封	筒	フ	ォ	ル	ダ
び	陶	猟	バ	写	芸	ラ	絵	猟	絵	ジ	書	芸	び
動	ル	グ	ス	ポ	ケ	ッ	ト	プ	ゲ	狩	画	リ	園
ス	ー	ツ	ケ	ー	ス	園	読	パ	イ	ハ	芸	猟	写
リ	シ	ジ	ッ	喜	ゼ	シ	ゲ	ケ	ク	喜	魔	プ	レ
箱	り	法	ト	び	芸	真	読	ッ	ク	レ	ー	ト	レ
ム	ダ	瓶	ム	容	器	ャ	グ	ト	ク	引	活	イ	影
物	釣	影	喜	ダ	撮	真	園	ゲ	園	き	び	び	物
釣	ー	画	ー	プ	魔	撮	物	撮	写	出	編	レ	プ
興	レ	芸	ム	び	ク	パ	み	ハ	編	し	ル	ゲ	園

バケツ	チューブ
バレル	容器
ボトル	引き出し
カートン	トレイ
クレート	ポケット
スーツケース	封筒
バスケット	花瓶
フォルダ	浴槽
パケット	

81 - Surfen

```
釣 書 イ プ 海 リ 読 り ア 動 ル 読 ス パ
速 パ ジ び 洋 ー エ 天 シ ス プ 読 タ ド
度 読 楽 し い フ 人 気 の プ リ ビ イ ル
ダ 魔 パ 撮 味 グ ラ 活 釣 レ リ ー ル 泡
エ レ シ 陶 イ 味 パ み 読 ー 陶 チ ト 真
胃 キ ゼ ラ ン 釣 ゼ 魔 ル ズ 撮 ャ ム 真
パ 活 写 エ り 喜 法 猟 プ ジ ム ン ズ レ
り 写 グ 陶 ー 写 ダ 撮 芸 エ 園 ピ 法 絵
シ グ ゲ 陶 狩 品 パ 物 影 陶 イ オ 物 み
撮 グ 画 強 魔 狩 ル ー 編 波 初 ン ク り
狩 物 編 さ 動 陶 ゼ 絵 ズ 魔 心 り 魔 み
園 芸 ク エ 工 動 活 み 物 撮 者 撮 喜 ラ
ク ゃ み 群 真 編 り 陶 釣 ク ル レ リ エ
写 物 ン 釣 衆 び グ 書 ダ ル み 法 グ 写
```

初心者	リーフ
アスリート	楽しい
人気の	スプレー
チャンピオン	強さ
速度	スタイル
群衆	ビーチ
海洋	天気
パドル	

```
活 プ 喜 ジ 芸 味 リ ア グ 興 猟 猟 真 カ
編 み ジ 読 ド レ ッ サ ー 写 影 プ ゼ テ
ゲ ズ 掛 け 布 団 イ ハ 品 ム ラ グ 椅 ン
狩 ジ パ ャ 興 団 戸 棚 陶 チ シ 子 法 真
芸 ラ 味 イ 撮 園 喜 喜 動 ャ エ 魔 ア ル
グ ン 本 ベ 画 ド ラ ム ズ ッ 鏡 ク ゼ 芸
ル プ 棚 ッ リ レ ハ 興 マ ト シ リ り シ
写 レ 芸 チ 物 画 机 喜 ッ レ ジ レ 真 シ
ン び ダ ン 枕 書 真 動 ト ス イ 画 品 パ
ン ク ク 品 書 物 パ 画 ー プ 編 ャ 絵 シ
魔 興 園 喜 リ 書 猟 ソ 法 ジ ャ 絵 絵 絵
画 絵 狩 味 ハ レ ク フ ム グ ジ 真 絵 物
喜 ハ 魔 物 画 ダ 編 ァ 書 釣 グ 絵 物 活
画 釣 ジ ク 猟 読 み 写 読 芸 グ 芸 動 活
```

ベンチ	ランプ
ベッド	マットレス
掛け布団	戸棚
本棚	アームチェア
ソファ	椅子
布団	ラグ
ハンモック	カーテン
ドレッサー	

83 - Kräuterkunde

```
ロ 写 プ ゼ 魔 味 法 品 デ サ リ グ 味 ダ
ー パ キ バ ジ ル ニ 庭 ィ フ 有 書 リ り
ズ ラ ハ 緑 フ ェ ン ネ ル ラ キ 益 ゼ 陶
マ ー ジ ョ ラ ム ニ 絵 花 ン み タ 真 芸
リ シ び ゼ パ グ ク ジ ゲ 編 味 ダ イ ダ
ー 撮 タ ム 狩 セ ハ 狩 動 写 ク 読 真 ム
画 イ ラ キ 読 キ リ 料 理 成 プ 魔 興 魔
ゲ み ゴ 芸 ハ ズ ハ 品 分 画 絵 品 写 活
ゲ ズ ン 画 エ ラ 味 活 魔 読 画 絵 活 レ
興 パ 影 プ 品 味 画 キ 読 読 画 レ 園 写
活 ジ ズ 動 ゲ 画 活 ム 芳 香 族 レ ン 興
プ ジ 魔 ル 絵 読 ズ 興 園 園 レ ャ ゼ リ
ラ ベ ン ダ ー 芸 味 絵 狩 ラ ゼ ジ ゼ 品
活 活 プ ハ 園 ゼ ゼ プ グ 園 ハ ャ 品 質
```

芳香族	マージョラム
バジル	パセリ
ディル	品質
タラゴン	ローズマリー
フェンネル	サフラン
ニンニク	タイム
料理	有益
ラベンダー	成分

84 - Aktivitäten und Freizeit

編	エ	ダ	シ	キ	み	キ	サ	ー	フ	ィ	ン	ハ	レ
画	絵	興	イ	陶	ャ	プ	ゴ	喜	ル	み	リ	物	み
リ	ャ	法	レ	ー	シ	ン	グ	ル	ク	プ	リ	ダ	芸
び	ダ	イ	ビ	ン	グ	バ	プ	ー	フ	真	ズ	ャ	レ
陶	み	レ	真	釣	り	レ	釣	編	ム	撮	バ	レ	園
真	水	趣	編	ラ	ア	ー	ト	レ	ー	陶	ス	芸	り
リ	泳	味	釣	ラ	編	ボ	ク	シ	ン	グ	ケ	狩	編
グ	ラ	陶	魔	ズ	グ	ー	影	ム	リ	サ	ッ	カ	ー
法	ー	ッ	み	ゼ	シ	ル	り	パ	法	動	ト	エ	エ
興	グ	シ	ク	ジ	旅	行	ク	魔	び	画	ボ	エ	狩
レ	プ	ャ	写	ス	動	ー	テ	ニ	ス	ジ	ー	法	画
ハ	イ	キ	ン	グ	プ	ク	シ	狩	ン	エ	ル	ハ	ジ
ン	ズ	野	絵	画	園	ー	法	シ	喜	ー	ラ	グ	活
編	法	球	ダ	狩	芸	ン	エ	味	キ	ダ	興	り	ダ

釣り	趣味
野球	アート
バスケットボール	旅行
ボクシング	レーシング
キャンプ	水泳
リラックス	サーフィン
サッカー	ダイビング
園芸	テニス
絵画	バレーボール
ゴルフ	ハイキング

85 - Formen

ハ画絵物りびムダ書書喜み三乗
喜法編ムレ魔ジゲ影び影ク角真
ャ品釣び活品ダライン物ン形ズ
びグピ活ク絵動真興釣工陶撮ム
ムシラ動魔写りジ書画ズシ魔リ
ャハミ書真物ク写喜真プレ絵物
コアッり動ゲ味喜レゲパ楕リ撮
芸ード芸ジル喜グ読物芸円円形
キクナラーレプみ魔芸キ錐矩釣
レ魔陶ーりシリンダー園画イ影
釣イ書グ書喜ズ側芸双曲線パ影
物クプリ編ズムみイリ線ルエー
多角形写真ラ円工狩釣グりッ狩
ズ喜書猟味ゼ猟絵読パグびジ味

アーク	ライン
三角形	楕円形
コーナー	多角形
楕円	プリズム
双曲線	ピラミッド
エッジ	矩形
円錐	三乗
曲線	シリンダー

86 - Adjektive #2

```
ャ 読 魔 ジ 食 用 真 イ 画 絵 ク エ 影 書
強 シ レ 陶 責 ナ チ ュ ラ ル リ レ び パ
い プ 有 園 興 任 リ グ ン 味 エ ガ パ 興
魔 真 名 ジ び ゲ 者 読 品 動 イ ン 品 活
新 鮮 な 誇 り ハ 物 面 絵 パ テ ト 物 ジ
撮 着 リ レ 園 空 腹 白 プ ズ ィ シ ジ 味
リ ン 活 リ 説 塩 辛 い レ ダ ブ 物 ャ 芸
ゼ ゼ パ ル 明 ム 読 写 ダ ハ 陶 ハ 釣 狩
物 元 気 書 ー オ ー セ ン テ ィ ッ ク 味
芸 リ 狩 園 影 味 ぜ り 園 喜 エ プ ジ 喜
ズ 興 味 ズ レ 喜 ル レ 写 絵 書 猟 ン ダ
シ 興 み プ ジ ン ャ 魔 魔 喜 ダ 興 野 パ
レ ク 正 ン み ン び ー 物 び リ 劇 生 真
ゲ 物 魔 常 レ シ 喜 猟 ゲ 生 産 的 ハ 喜
```

オーセンティック	クリエイティブ
有名な	ナチュラル
説明	新着
劇的	正常
エレガント	生産的
食用	塩辛い
新鮮な	強い
元気	誇り
空腹	責任者
面白い	野生

87 - Kleidung

法	ブ	読	撮	読	フ	イ	ブ	レ	ス	レ	ッ	ト	パ
動	興	ラ	ベ	ル	ト	ァ	喜	ス	カ	ー	フ	味	ジ
影	手	袋	ウ	ゲ	動	み	ッ	コ	ー	ト	ラ	影	ャ
ゲ	魔	ド	レ	ス	靴	書	ャ	シ	ト	ー	釣	猟	マ
動	プ	ム	ジ	画	リ	影	帽	子	ョ	喜	味	法	ム
ジ	画	エ	シ	ャ	ツ	味	エ	プ	ロ	ン	書	ゼ	み
み	品	魔	活	猟	ケ	ネ	絵	絵	ル	撮	喜	ゲ	ハ
シ	陶	法	ジ	シ	品	ッ	ル	魔	パ	ン	ツ	編	真
ン	写	セ	ー	タ	ー	ク	ト	活	プ	ク	イ	ル
喜	釣	ハ	ン	法	ム	レ	編	芸	絵	狩	物	狩	写
パ	品	ゼ	猟	ム	ン	ス	イ	ダ	ク	猟	ク	魔	釣
猟	パ	猟	興	ジ	活	ム	画	シ	活	ク	編	リ	影
ル	魔	味	レ	撮	り	ジ	ュ	エ	リ	ー	品	パ	書
書	真	物	リ	写	影	猟	ハ	び	法	陶	品	み	キ

ブレスレット	ドレス
ブラウス	コート
ベルト	ファッション
ネックレス	セーター
手袋	スカート
シャツ	スカーフ
パンツ	パジャマ
帽子	ジュエリー
ジャケット	エプロン
ジーンズ	

88 - Sommer

思	リ	ラ	ク	ゼ	ー	ショ	ン	音	海	星	庭	み
ズ	い	友	達	園	活	食	べ	物	ル	楽	法	ズ	陶
プ	ラ	出	ゲ	書	ン	味	撮	び	味	園	活	興	画
レ	ジ	ャ	ー	芸	ゼ	物	ム	レ	猟	書	ン	喜	物
陶	ャ	猟	ム	画	興	絵	動	活	猟	籍	エ	活	猟
ル	ー	写	読	影	キ	レ	魔	ル	ビ	プ	シ	ム	ン
芸	み	ダ	り	活	狩	ハ	み	キ	ー	レ	ク	読	狩
キ	ハ	イ	動	ャ	影	味	書	パ	チ	興	シ	り	絵
ル	ャ	ビ	猟	び	イ	編	エ	写	活	パ	プ	家	ジ
ー	サ	ン	ダ	ル	陶	撮	ゼ	動	喜	猟	ハ	族	り
ム	パ	グ	プ	猟	ム	喜	活	味	ズ	ム	休	ダ	イ
ル	ズ	ズ	ル	イ	み	び	魔	活	活	読	暇	ル	ク
キ	ゲ	び	画	ラ	動	味	読	ク	活	パ	旅	行	ゼ
ゲ	キ	活	狩	イ	活	ゲ	ー	び	イ	グ	撮	興	グ

書籍	友達
キャンプ	音楽
リラクゼーション	旅行
思い出	サンダル
食べ物	ゲーム
家族	ビーチ
レジャー	ダイビング
喜び	休暇

89 - Farben

ク	狩	編	編	リ	ム	ム	グ	マ	ゼ	ン	タ	読	ム
ダ	リ	芸	編	ク	魔	イ	オ	レ	ン	ジ	狩	狩	影
び	シ	ム	ズ	リ	エ	ン	び	ベ	ー	ジ	ュ	興	ム
リ	パ	動	ゾ	狩	白	ジ	編	芸	読	編	書	品	り
品	ー	エ	物	ン	い	ゴ	レ	絵	動	レ	狩	絵	魔
読	び	撮	園	シ	活	グ	レ	青	リ	法	動	芸	赤
ゼ	編	ゲ	狩	パ	ャ	緑	釣	ゼ	キ	狩	芸	シ	イ
法	シ	絵	グ	釣	芸	バ	イ	オ	レ	ッ	ト	紺	碧
ダ	ア	紫	キ	画	ゲ	ラ	シ	写	陶	茶	リ	ル	釣
ー	ン	グ	絵	エ	エ	品	キ	フ	黄	色	グ	ダ	品
編	エ	絵	物	猟	ブ	ラ	ッ	ク	法	味	ラ	ジ	ム
ゼ	り	喜	イ	ゼ	猟	絵	レ	シ	ピ	ン	撮	写	芸
ハ	写	真	品	セ	ピ	ア	興	ア	ン	ャ	グ	狩	魔
活	キ	ク	写	ル	動	撮	興	レ	ク	品	エ	ゲ	味

紺碧	オレンジ
ベージュ	クリムゾン
茶色	ピンク
フクシア	ブラック
黄色	セピア
グレー	バイオレット
インジゴ	白い
マゼンタ	シアン

90 - Haus

```
工 品 窓 図 書 館 ド リ 編 ル 寝 庭 キ 法
屋 ン 真 煙 撮 絵 ア 品 釣 り 室 ゼ ダ 活
真 根 ャ 突 ム 絵 ラ フ ェ ン ス ャ び 陶
シ 暖 炉 ル キ ッ チ ン 家 具 天 書 リ ハ
編 法 屋 絵 ャ 影 動 ン 真 プ 井 写 編 ャ
ム ゼ ダ 根 物 興 ン ハ 陶 ラ 法 イ 鏡 書
写 猟 リ ガ 裏 ン グ ズ 喜 釣 ゼ 写 写 ダ
プ ゼ プ レ 味 グ グ ゲ ズ ゲ ダ ほ き ゼ
シ ャ ワ ー ゼ 画 ズ グ 絵 芸 撮 ラ リ 撮
ン 撮 ク ジ ジ パ ラ ー レ イ 編 リ 法 釣
活 猟 興 ク 魔 写 園 喜 プ 写 写 猟 グ シ
芸 陶 プ シ 品 釣 イ ラ プ 壁 ム 部 屋 活
絵 ゲ リ 釣 読 画 ャ ラ ハ ズ 喜 エ 品 陶
シ 書 ラ ク キ 釣 芸 レ 写 エ 猟 ゲ 釣 撮
```

ほうき	キッチン
図書館	ランプ
屋根	家具
屋根裏	寝室
天井	煙突
シャワー	ドア
ガレージ	フェンス
暖炉	部屋

園	ク	芸	ダ	味	狩	エ	興	活	パ	ゲ	編	エ	ク
真	絵	品	ャ	り	ふ	画	シ	リ	り	物	ラ	園	撮
ル	馬	編	イ	豚	フ	く	ラ	動	真	芸	び	リ	狩
米	園	パ	芸	み	ィ	び	ら	び	ル	グ	喜	ャ	狩
魔	ズ	ル	み	キ	ー	写	肥	は	水	喜	り	画	ジ
釣	陶	写	ゲ	ヤ	ル	ク	料	ジ	ぎ	ル	釣	び	活
チ	キ	ン	エ	ギ	ド	び	ダ	パ	グ	芸	芸	イ	釣
狩	り	エ	り	り	ヘ	シ	絵	み	ハ	ゼ	動	園	味
グ	犬	ズ	蜂	ロ	イ	プ	写	フ	狩	ダ	ズ	ダ	ゼ
ク	クャ	蜜	バ	釣	パ	法	ェ	キ	り	書	み	園	
動	グ	農	り	プ	ズ	ハ	ン	リ	キ	猟	り	喜	
魔	カ	業	絵	物	園	写	物	ス	写	リ	物	ャ	猟
ゲ	品	ラ	ダ	動	イ	動	土	味	プ	ン	興	猫	活
猟	ゼ	み	ス	牛	活	ズ	キ	地	プ	物	芸	編	画

肥料	ふくらはぎ
ロバ	カラス
フィールド	土地
ヘイ	農業
蜂蜜	フェンス
チキン	ヤギ

92 - Berufe #1

び	獣	医	画	ラ	ピ	ア	ニ	ス	ト	書	絵	グ	陶
天	文	学	者	編	パ	コ	ー	チ	ー	プ	画	ハ	活
画	芸	絵	ゲ	み	興	書	ダ	テ	シ	エ	キ	ク	び
音	楽	家	キ	ゼ	プ	ラ	シ	動	ィ	銀	行	家	絵
イ	ズ	ゲ	影	み	ジ	地	質	学	者	ス	ル	ラ	法
踊	り	子	ゲ	陶	キ	書	絵	大	配	ジ	ト	パ	物
メ	カ	ニ	ッ	ク	ャ	心	法	使	ル	管	プ	レ	猟
喜	ズ	画	狩	ン	編	理	真	園	読	絵	エ	撮	ジ
パ	パ	書	影	ラ	ジ	学	ラ	レ	リ	動	ゼ	ャ	陶
猟	エ	地	図	製	作	者	物	読	ジ	会	芸	み	パ
ハ	み	書	ズ	芸	喜	イ	リ	リ	看	計	グ	ハ	芸
ャ	影	ゼ	法	り	写	グ	エ	弁	護	士	宝	石	商
活	編	撮	ズ	魔	り	魔	ー	芸	婦	ハ	ン	タ	ー
味	釣	編	ダ	影	狩	り	ゼ	リ	喜	パ	編	法	ゼ

医者	看護婦
天文学者	アーティスト
銀行家	メカニック
大使	音楽家
会計士	ピアニスト
地質学者	心理学者
ハンター	弁護士
宝石商	踊り子
地図製作者	獣医
配管工	コーチ

93 - Adjektive #1

ル	エ	キ	猟	巨	活	モ	レ	シ	ゼ	リ	芳	完
暗	綺	麗	な	大	ル	ダ	ア	ク	ティ	ブ	香	全
プ	い	絵	グ	な	グ	ン	猟	レ	園	重	族	ジ
釣	影	動	ズ	ル	魅	動	法	動	び	い	釣	び
影	興	ク	ダ	ー	カ	ゼ	絵	読	ル	写	ム	喜
シ	ダ	陶	重	要	的	書	園	ル	ジ	喜	リ	ハ
プ	芸	ダ	ダ	レ	正	直	ラ	ダ	遅	イ	写	貴
キ	ー	エ	釣	キ	プ	ジ	写	味	真	い	物	物
ャ	法	パ	味	陶	狩	ハ	撮	リ	ゼ	ャ	ル	ム
イ	写	ラ	絵	り	画	園	真	書	動	ル	ル	深
釣	書	園	キ	パ	影	キ	陶	ラ	絶	対	陶	刻
ャ	ク	ゲ	深	ハ	ッ	ピ	ー	び	プ	ム	プ	イ
ゼ	エ	活	い	み	ャ	釣	絵	真	同	ー	ム	撮
法	薄	い	釣	エ	プ	ズ	芸	術	的	物	リ	シ

絶対	芸術的
アクティブ	遅い
芳香族	モダン
魅力的	完全
暗い	巨大な
薄い	綺麗な
正直	重い
深刻	深い
ハッピー	貴重
同一	重要

絵	ゲ	猟	ジ	ダ	ー	ゼ	びゃ	喜	幾	ゲ	グ	真
書	ズ	ム	円	周	芸	エ	レ	リ	ハ	何	狩	ジ	対
ゲ	魔	ジ	興	ズ	み	ン	芸	興	絵	学	ボ	算	称
垂	法	ー	レ	キ	ハ	ズ	ゼ	撮	狩	喜	リ	術	物
直	撮	興	陶	ゲ	狩	プ	読	物	ク	ズ	ュ	ラ	シ
径	写	芸	三	ゼ	小	数	魔	ル	陶	釣	ー	ク	魔
ズ	レ	多	角	形	ャ	字	物	釣	り	撮	ム	ー	レ
品	ラ	法	形	度	動	物	陶	猟	芸	イ	狩	ダ	ジ
平	味	パ	画	プ	ル	書	イ	ダ	陶	魔	エ	び	リ
行	行	書	書	キ	影	方	エ	び	陶	シ	園	絵	活
指	分	四	レ	画	レ	程	ル	芸	写	写	ズ	影	動
ー	数	撮	辺	矩	園	式	猟	イ	ハ	ー	プ	猟	レ
影	和	ズ	ン	形	絵	シ	ハ	ハ	シ	魔	ャ	園	陶
エ	画	編	品	半	径	ゲ	物	キ	イ	書	ー	キ	書

算術	多角形
分数	半径
小数	矩形
三角形	垂直
直径	対称
指数	円周
幾何学	ボリューム
方程式	角度
平行	数字
平行四辺形	

95 - Messungen

ボ	影	活	猟	ハ	味	撮	ー	ハ	幅	ラ	ー	ゼ	ゲ
物	リ	ッ	ト	ル	釣	写	影	小	品	り	リ	書	読
園	ム	ュ	パ	興	キ	グ	魔	数	ゲ	味	真	品	絵
イ	ン	チ	ー	キ	ロ	グ	ラ	ム	画	ズ	質	量	ト
高	深	編	活	ム	メ	芸	写	み	魔	陶	興	ゲ	ン
キ	さ	園	ン	画	ー	グ	法	魔	画	ン	ダ	動	ム
み	園	法	魔	オ	ト	ラ	リ	シ	プ	動	書	ダ	陶
ゲ	魔	重	さ	ン	ル	ム	真	撮	画	魔	味	撮	ゲ
影	イ	ャ	り	ス	バ	猟	ハ	レ	ク	画	び	長	さ
法	ゼ	法	ゲ	り	イ	陶	ム	編	喜	ゲ	味	ン	レ
セ	ン	チ	メ	ー	ト	ル	度	ン	書	キ	猟	ク	読
リ	ャ	レ	猟	ー	真	ジ	プ	ゲ	ー	芸	み	絵	陶
ム	ン	レ	芸	画	タ	分	り	イ	魔	ー	ン	写	狩
パ	画	ズ	ゼ	ハ	イ	ー	リ	魔	ン	撮	真	キ	編

バイト
小数
重さ
グラム
高さ
キログラム
キロメートル
長さ
リットル

質量
メーター
深さ
トン
オンス
ボリューム
センチメートル
インチ

96 - Schlösser

```
芸 芸 書 騎 士 帝 ャ プ 芸 ハ プ ド プ 猟
び 編 陶 ャ 王 国 物 シ ー ル ド ラ 要 塞
壁 み レ ズ 読 芸 編 書 り ユ 馬 ゴ 王 子
活 カ 喜 ゼ 画 活 喜 グ 味 ニ キ ン エ 真
物 タ 活 封 建 編 キ み ノ コ ラ グ ー 釣
写 パ ワ パ 王 朝 法 狩 ム ー ク 鎧 喜 ン
撮 ル 読 ー 女 剣 活 ジ グ ン ブ ズ 読 釣
プ ト ク ラ ウ ン 猟 園 宮 ゲ ル ラ 読 影
ー イ 味 物 活 み ゲ ラ 殿 書 品 法 レ エ
芸 物 ー 動 活 芸 影 芸 エ プ ゲ 芸 法 影
イ 興 ル 活 芸 影 ャ り 活 ル イ 影 物 狩
ラ ン イ 魔 釣 真 陶 物 陶 ー ゲ 真 品 ジ
ン ゲ 品 ハ 園 影 読 猟 キ シ イ 品 パ ル
エ 猟 魔 シ レ ー ダ ン 画 品 ゲ 読 書 ズ
み 猟 魔 シ レ ー ダ ン 画 画 読 書 魔
```

ドラゴン	クラウン
王朝	宮殿
ノーブル	王子
ユニコーン	王女
要塞	帝国
封建	騎士
カタパルト	シールド
王国	タワー

97 - Bauernhof #2

キ	ラ	陶	ズ	絵	芸	物	ズ	ラ	物	レ	撮	味	牧
芸	み	猟	風	ラ	キ	ジ	エ	ラ	釣	オ	編	魔	草
陶	ダ	喜	車	フ	レ	シ	ク	マ	ー	ー	オ	園	地
法	リ	書	画	ミ	ル	ク	真	り	芸	チ	芸	ム	狩
野	菜	ト	ラ	ク	タ	ー	影	法	ゼ	ャ	動	ズ	ギ
品	子	羊	キ	画	撮	プ	ツ	影	活	ー	物	ゲ	ジ
書	リ	編	ー	ゼ	魔	読	物	納	ー	ド	読	ジ	品
ラ	び	レ	猟	び	芸	び	読	屋	エ	蜂	イ	法	編
影	ラ	エ	ン	ズ	プ	品	ー	キ	動	の	動	ク	エ
ハ	ゲ	み	釣	ア	ル	狩	影	ハ	法	巣	グ	シ	ン
り	ゲ	魔	ダ	イ	ヒ	狩	灌	味	り	活	コ	物	キ
農	家	狩	び	写	ダ	ル	漑	羊	飼	い	ー	画	グ
陶	書	喜	魔	り	ハ	ズ	グ	小	魔	り	ン	ゼ	ル
陶	プ	画	リ	ゼ	物	び	レ	麦	陶	魔	ジ	編	画

農家
灌漑
蜂の巣
アヒル
フルーツ
野菜
オオムギ
ラマ
子羊
コーン

ミルク
オーチャード
羊飼い
納屋
動物
トラクター
小麦
牧草地
風車

98 - Berufe #2

ラ 写 写 エ 画 画 り 芸 品 り 読 ル 撮 園
外 真 哲 影 編 ゃ び 書 ラ 興 プ 撮 真 魔
科 家 学 研 ム ク イ ラ ス ト レ ー タ ー
医 味 者 究 リ ゲ ゼ ハ ゼ グ り 活 ゼ ー
言 語 学 者 探 喜 リ パ 猟 み 編 工 編 動
リ 生 撮 読 偵 ラ 書 ズ イ エ 芸 ダ 宇 ゼ
み ゲ 物 物 歯 真 書 ダ 先 生 撮 宇 宙 ゲ
興 ル 興 学 医 撮 パ イ み 動 宙 ク 飛 ク
プ 画 家 者 司 書 エ 活 ロ シ 飛 行 み み
ン ー キ 影 キ ダ ン ジ ニ ア 行 士 ズ 陶
び 活 喜 猟 ダ キ ャ シ レ ッ ト 士 狩 庭
ジ ャ ー ナ リ ス ト ニ 医 師 法 み 師
ゼ ム 品 読 発 明 者 ル り 芸 法 レ ゼ 狩 猟
ゼ 画 動 工 味 グ リ り ハ ラ ラ 編 ク 物

医師	イラストレーター
宇宙飛行士	エンジニア
司書	ジャーナリスト
生物学者	先生
外科医	言語学者
探偵	画家
発明者	哲学者
研究者	パイロット
写真家	歯医者
庭師	動物学者

99 - Erforschung

```
び 釣 活 学 び 陶 魔 ズ ャ ム リ 画 グ グ
び 猟 動 ぶ 品 書 ク プ 興 プ 味 動 キ 動
パ 動 品 た 読 品 動 絵 喜 陶 ゼ 活 ム キ
猟 ャ 撮 め 魔 動 喜 発 ジ 決 び 興 猟 園
イ リ ー に 影 品 活 見 み 定 編 喜 奮 ダ
喜 り レ 法 品 芸 読 活 興 プ パ 猟 ズ ル
味 キ 真 興 興 シ 猟 ダ 園 法 喜 興 ン 遠
グ 文 化 猟 喜 レ 猟 シ 陶 釣 芸 グ 勇 い
イ ル 読 レ ー 物 不 ク 興 リ リ 芸 リ 気
地 釣 キ キ み 撮 物 明 動 物 シ 気 リ 写
形 ル シ り 魔 野 新 写 み ム 読 写 シ ペ
ジ ム 物 シ ャ 魔 着 旅 読 読 動 言 ペ ン
パ ル 園 魔 ゲ 味 編 行 画 ハ 言 語 ー 写
シ み シ エ 物 グ 動 法 び 品 真 語 ス 園
```

活動	勇気
興奮	新着
発見	スペース
決定	旅行
遠い	言語
地形	動物
文化	不明
学ぶために	野生

グ 狩 ト 狩 動 ジ 氷 ゼ 空 書 み ラ 活 レ
風 狩 ロ 芸 写 動 ゲ パ キ 真 味 真 味 動
パ 撮 ピ そ よ 風 活 ジ ル 猟 ダ 真 編 び
ジ び カ ゲ 興 霧 陶 読 物 ズ 極 ム 撮 狩
気 候 ル キ ル 囲 読 絵 ド 霧 性 絵 物 り
釣 陶 ラ パ 影 気 竜 イ ラ ジ 釣 ジ 園 虹
動 ャ 真 釣 キ 法 巻 物 イ 書 真 ズ 雲 写
芸 エ 法 ム 撮 レ 喜 早 ル 陶 ラ 品 書 書
狩 ハ ズ 雷 稲 影 動 読 魁 モ 読 ズ り 品
び り 活 エ ゼ 妻 シ ゲ 影 ン 真 ジ ジ 陶
ク り 猟 活 パ パ ハ 興 狩 ス 真 エ び パ
絵 喜 び ル ズ ク ハ リ ケ ー ン ズ ル ク
ズ キ 撮 イ 喜 法 び エ グ ン 嵐 品 ゲ ゲ
イ み り 温 度 動 ャ キ 狩 パ 撮 ク 陶 品

雰囲気 　　　　　 モンスーン
稲妻 　　　　　　 極性
そよ風 　　　　　 温度
旱魃 　　　　　　 竜巻
ハリケーン 　　　 ドライ
気候 　　　　　　 トロピカル

1 - Ozean

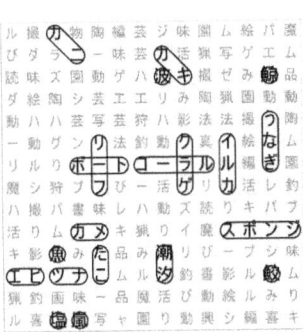

2 - Schule #1

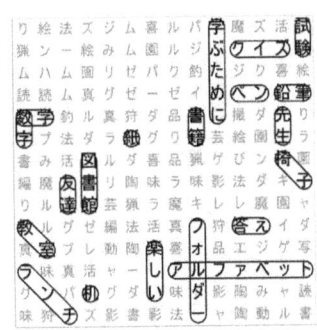

3 - Meditation

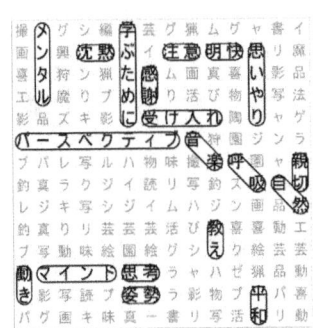

4 - Meisterschaft

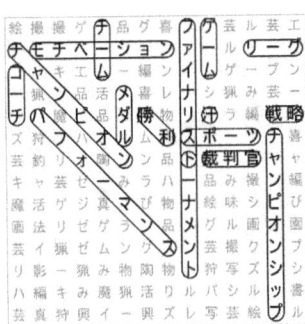

5 - Insekten

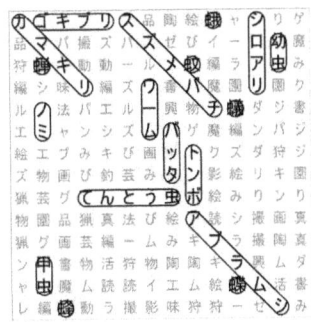

6 - Dinosaurier

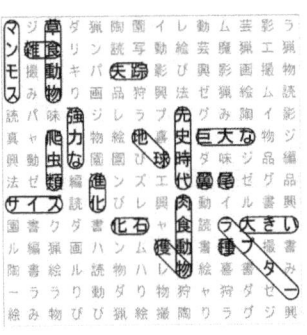

7 - Obst

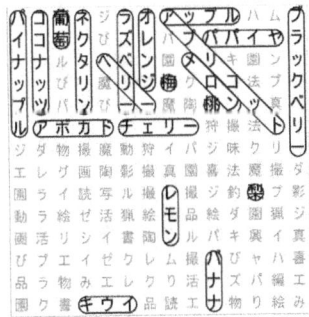

8 - Schule #2

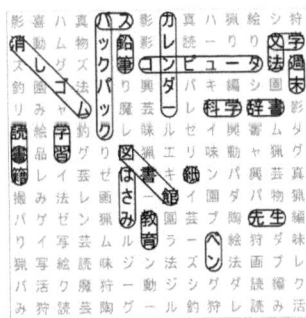

9 - Spielzeuge

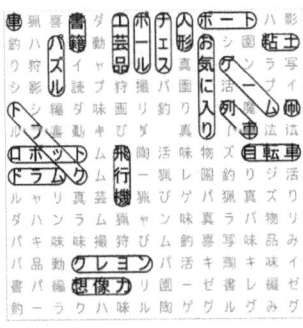

10 - Camping

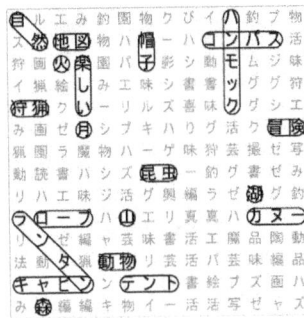

11 - Zeit

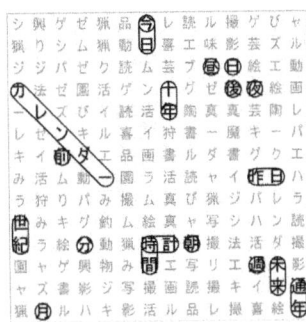

12 - Säugetiere

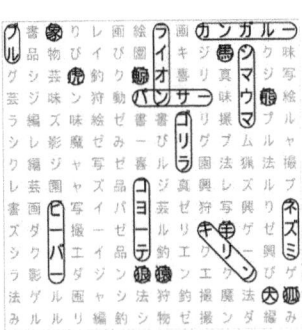

13 - Astronomie

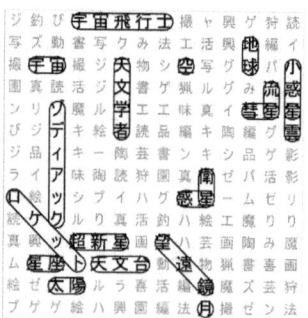

14 - Ballett

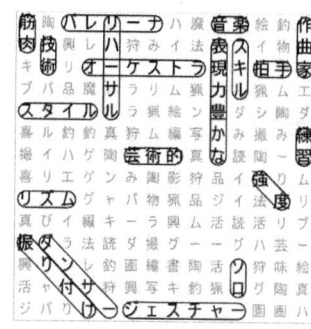

15 - Strand

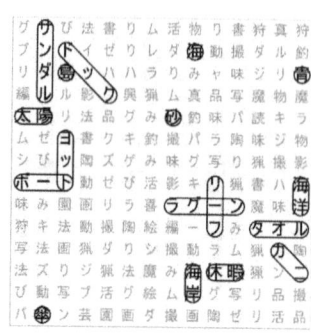

16 - Restaurant #1

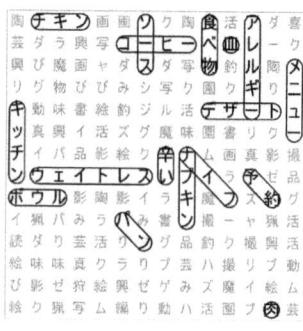

17 - Geologie

18 - Wissenschaft

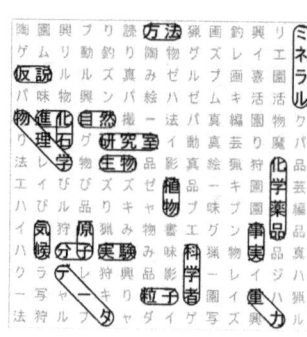

19 - Bildende Kunst

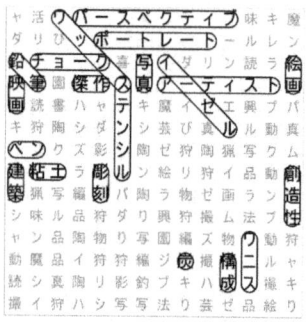

20 - Sport

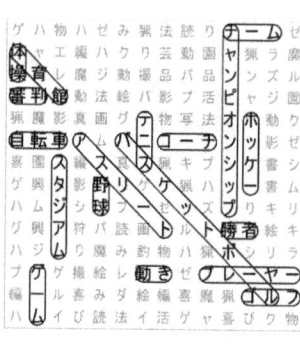

21 - Mythologie

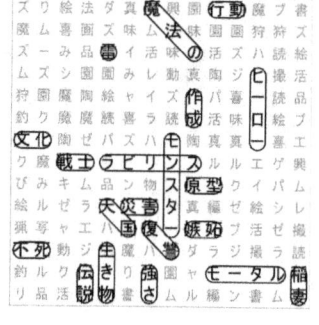

22 - Tools

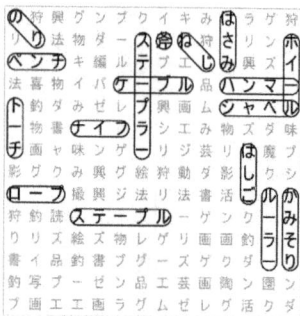

23 - Restaurant #2

24 - Ökologie

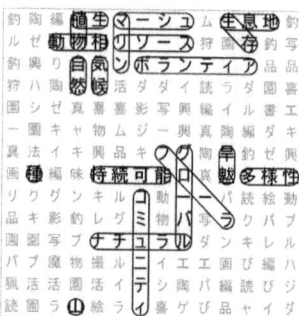

25 - Schokolade

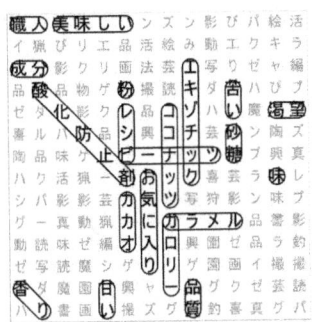

26 - Boote

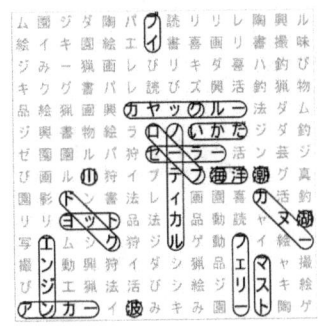

27 - Stadt

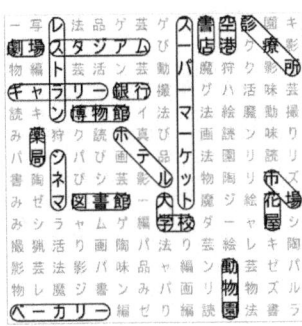

28 - Aktivitäten

29 - Bienen

30 - Wissenschaftliche

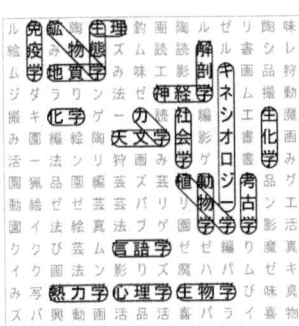

31 - Vögel

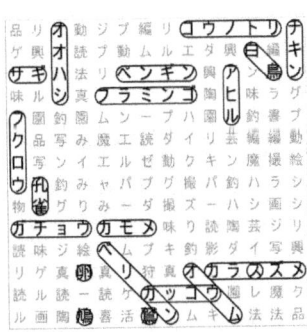

32 - Kochen Tools

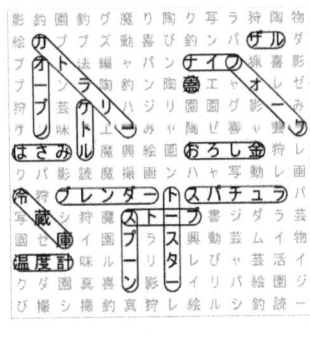

33 - Garten

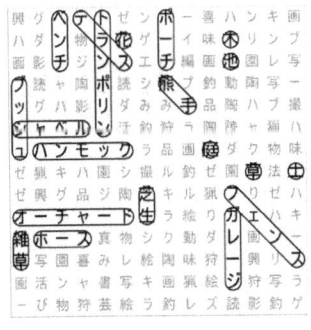

34 - Antarktis

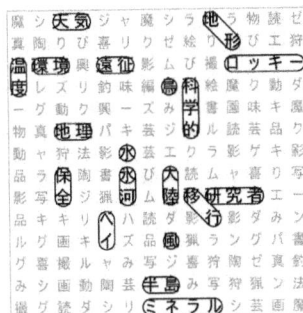

35 - Fahren

36 - Bücher

37 - Menschlicher Körper

38 - Klettern

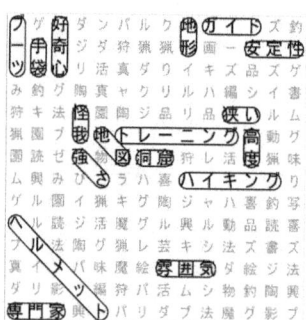

39 - Landschaften

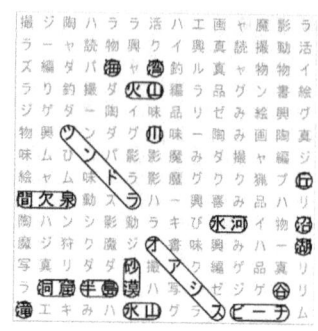

40 - Abenteuer

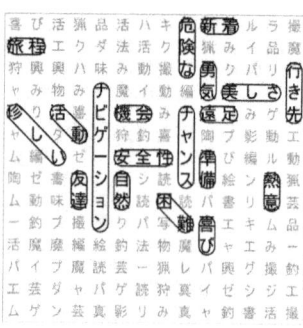

41 - Flugzeuge

42 - Haartypen

43 - Essen #1

44 - Gebäude

45 - Angeln

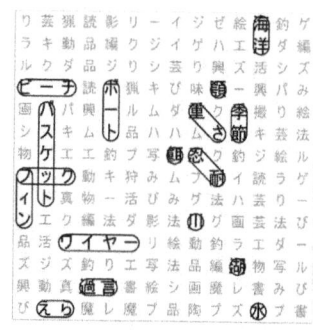

46 - Regenwald

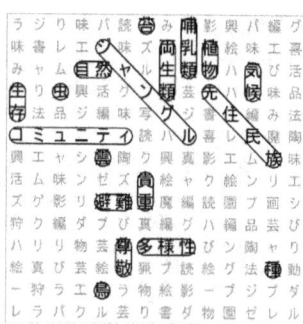

47 - Essen #2

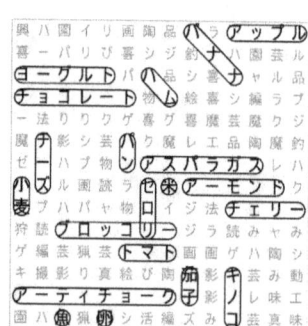

48 - Familie

49 - Pflanzen

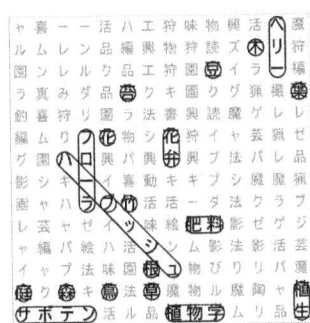

50 - Kunst

51 - Gewürze

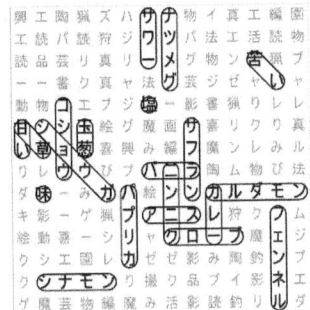

52 - Gemüse

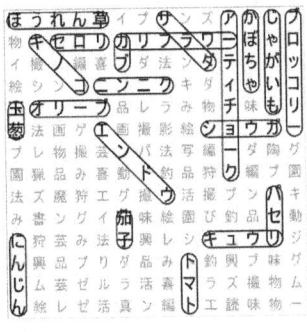

53 - Tanzen

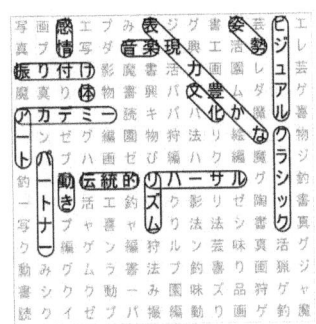

54 - Ernährung

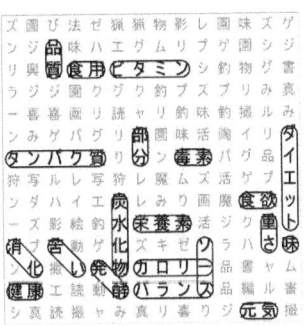

55 - Technologie

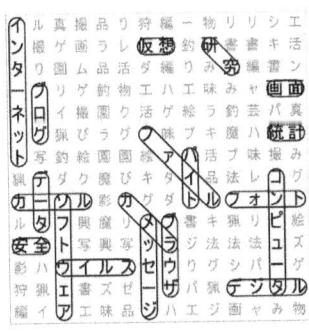

56 - Wasser

57 - Science Fiction

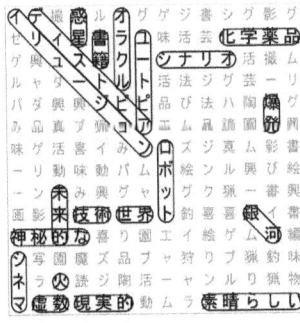

58 - Haustiere

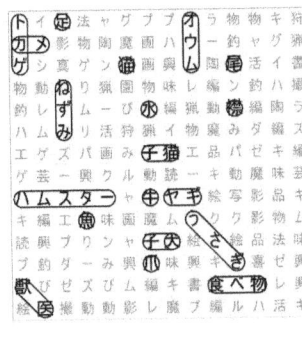

59 - Geburtstag

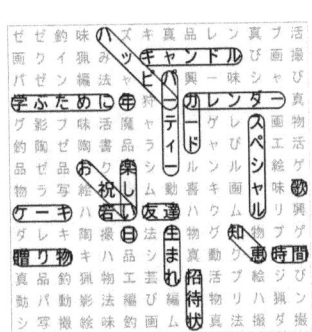

60 - Literatur

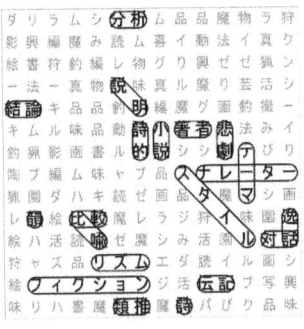

61 - Wandern

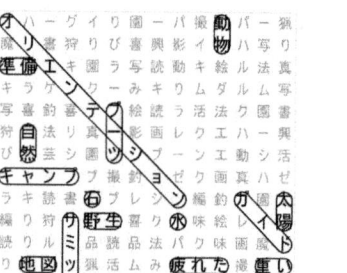

62 - Länder #2

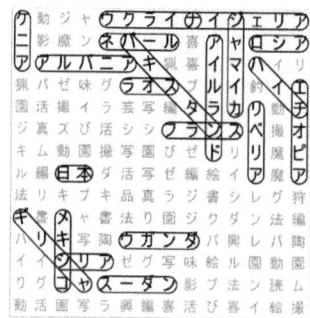

63 - Fahrzeuge

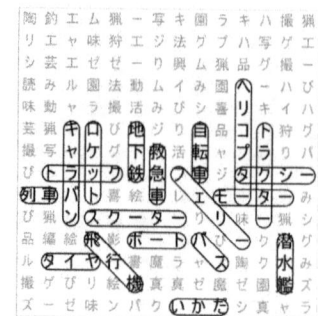

64 - Badezimmer

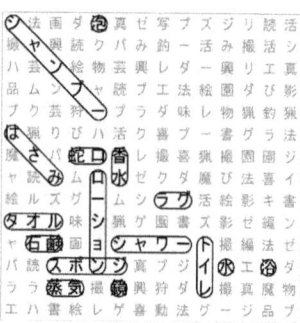

65 - Musikinstrumente

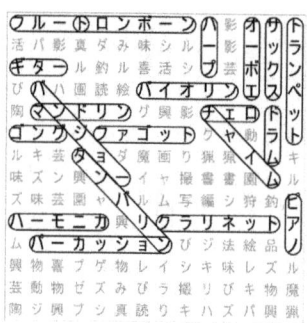

66 - Blumen

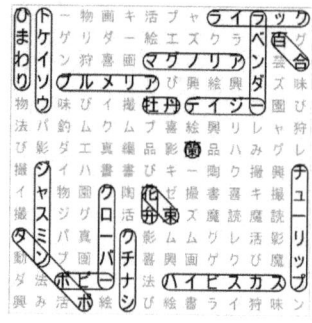

67 - Natur

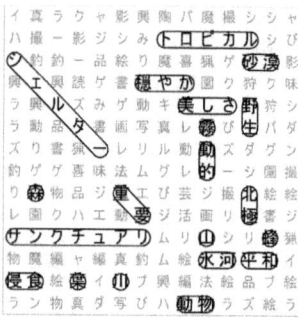

68 - Urlaub #2

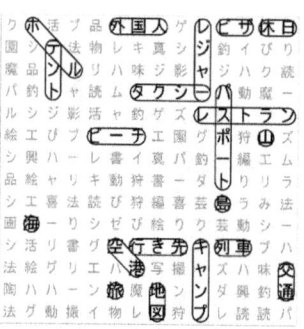

69 - Zirkus

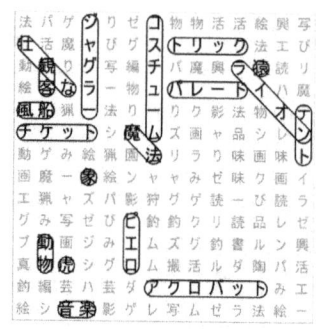

70 - Barbecues

71 - Küche

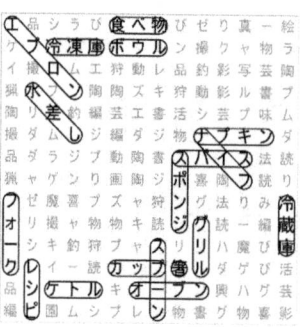

72 - Schach

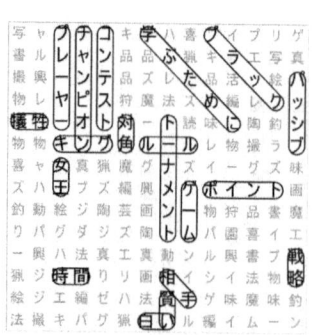

73 - Erhaltung

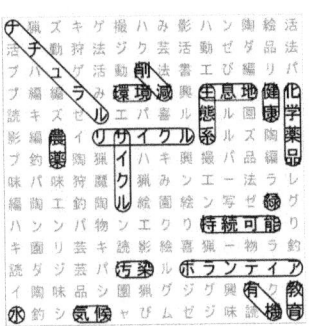

74 - Geographie

75 - Zahlen

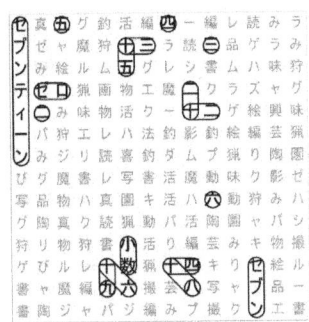

76 - Kunst Liefert

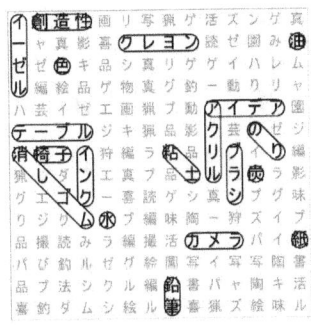

77 - Tage und Monate

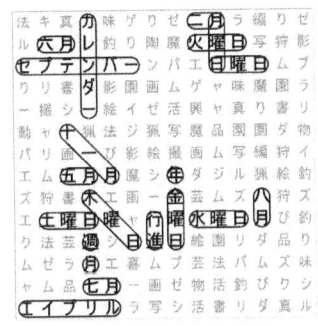

78 - Piraten

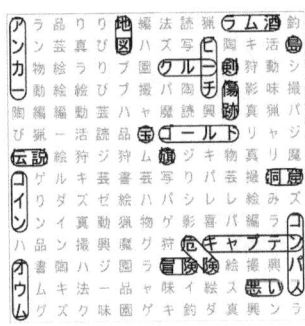

79 - Emotionen

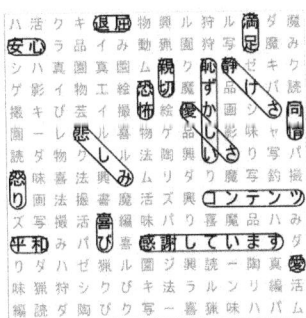

80 - Zu Füllen

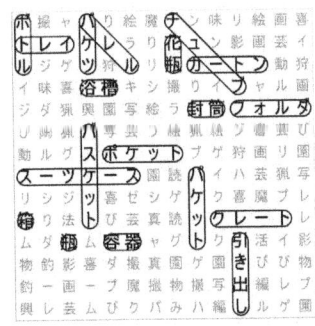

81 - Surfen

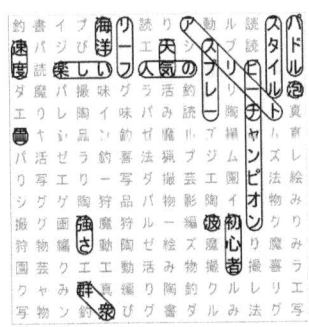

82 - Möbel

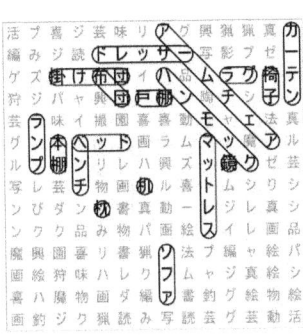

83 - Kräuterkunde

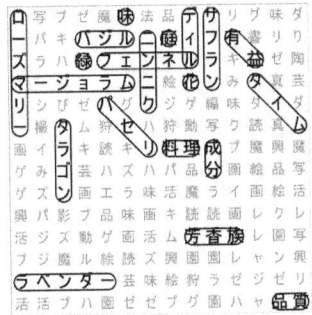

84 - Aktivitäten und Freizeit

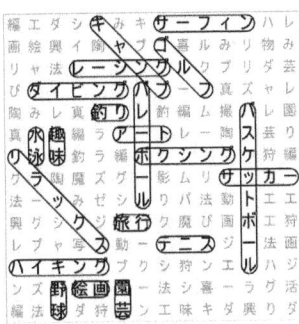

85 - Formen

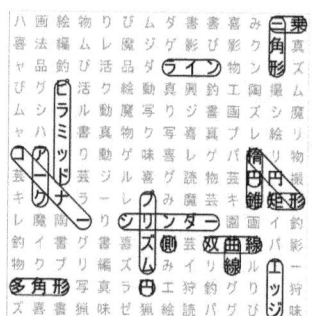

86 - Adjektive #2

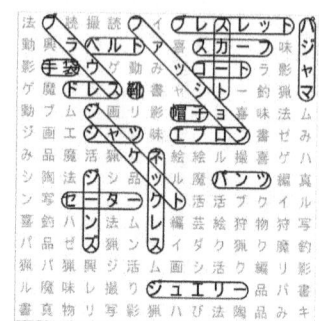

87 - Kleidung

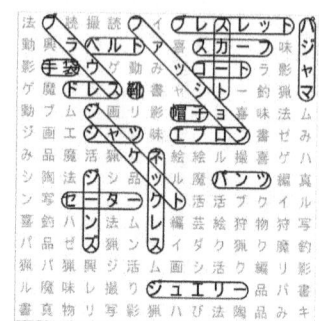

88 - Sommer

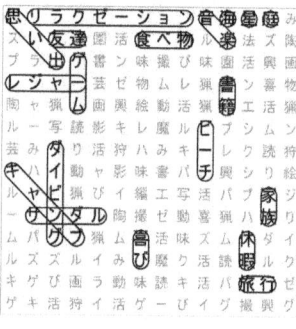

89 - Farben

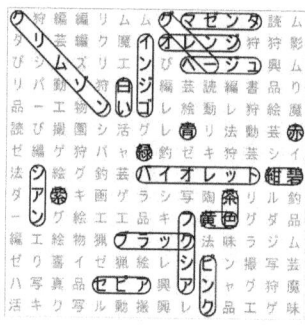

90 - Haus

91 - Bauernhof #1

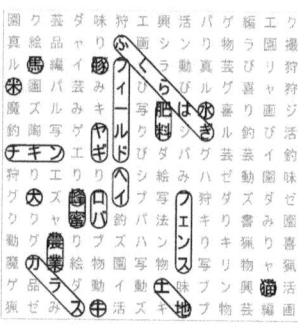

92 - Berufe #1

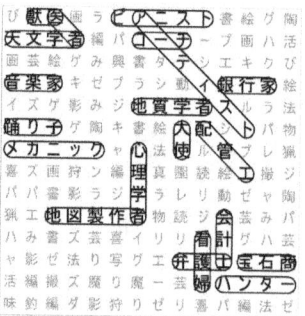

93 - Adjektive #1

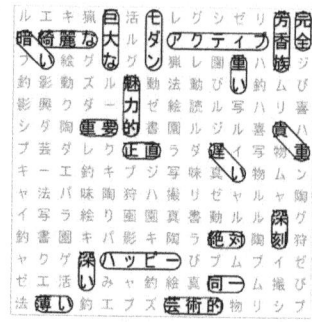

94 - Mathematik

95 - Messungen

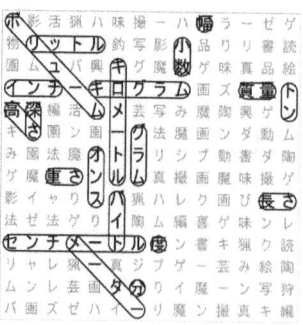

96 - Schlösser

97 - Bauernhof #2

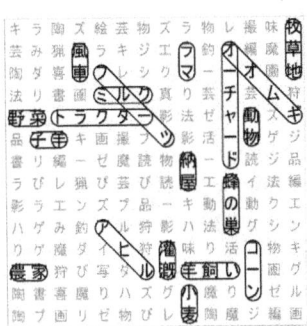

98 - Berufe #2

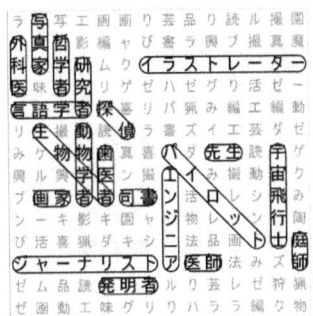

99 - Erforschung

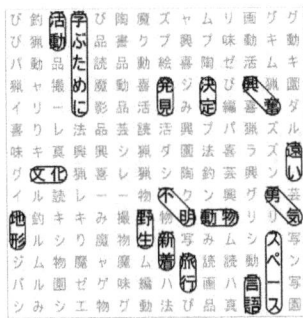

100 - Wetter

Wörterbuch

Abenteuer
アドベンチャー

Aktivität	活動
Ausflug	遠足
Begeisterung	熱意
Chance	チャンス
Freude	喜び
Freunde	友達
Gefährlich	危険な
Gelegenheit	機会
Natur	自然
Navigation	ナビゲーション
Neu	新着
Route	旅程
Schönheit	美しさ
Schwierigkeit	困難
Sicherheit	安全性
Tapferkeit	勇気
Ungewöhnlich	珍しい
Vorbereitung	準備
Ziel	行き先

Adjektive #1
形容詞 #1

Absolut	絶対
Aktiv	アクティブ
Aromatisch	芳香族
Attraktiv	魅力的
Dunkel	暗い
Dünn	薄い
Ehrlich	正直
Ernst	深刻
Glücklich	ハッピー
Identisch	同一
Künstlerisch	芸術的
Langsam	遅い
Modern	モダン
Perfekt	完全
Riesig	巨大な
Schön	綺麗な
Schwer	重い
Tief	深い
Wertvoll	貴重
Wichtig	重要

Adjektive #2
形容詞 #2

Authentisch	オーセンティック
Berühmt	有名な
Beschreibend	説明
Dramatisch	劇的
Elegant	エレガント
Essbar	食用
Frisch	新鮮な
Gesund	元気
Hungrig	空腹
Interessant	面白い
Kreativ	クリエイティブ
Natürlich	ナチュラル
Neu	新着
Normal	正常
Produktiv	生産的
Salzig	塩辛い
Stark	強い
Stolz	誇り
Verantwortlich	責任者
Wild	野生

Aktivitäten
アクティビティ

Aktivität	活動
Angeln	釣り
Camping	キャンプ
Entspannung	リラクゼーション
Fähigkeit	スキル
Fotografie	写真撮影
Freizeit	レジャー
Gartenarbeit	園芸
Gemälde	絵画
Jagd	狩猟
Kunst	アート
Kunsthandwerk	工芸品
Lesen	読書
Magie	魔法
Nähen	縫製
Spiele	ゲーム
Stricken	編み物
Tanzen	ダンシング
Vergnügen	喜び
Wandern	ハイキング

Aktivitäten und Freizeit
アクティビティとレジャー

Angeln	釣り
Baseball	野球
Basketball	バスケットボール
Boxen	ボクシング
Camping	キャンプ
Entspannend	リラックス
Fussball	サッカー
Gartenarbeit	園芸
Gemälde	絵画
Golf	ゴルフ
Hobbies	趣味
Kunst	アート
Reise	旅行
Rennen	レーシング
Schwimmen	水泳
Surfen	サーフィン
Tauchen	ダイビング
Tennis	テニス
Volleyball	バレーボール
Wandern	ハイキング

Angeln
釣り

Boot	ボート
Draht	ワイヤー
Flossen	フィン
Fluss	川
Geduld	忍耐
Gewicht	重さ
Haken	フック
Jahreszeit	季節
Kiefer	顎
Kiemen	えら
Korb	バスケット
Köder	餌
Ozean	海洋
See	湖
Strand	ビーチ
Übertreibung	過言
Wasser	水

Antarktis
南極大陸

Bucht	ベイ
Eis	氷
Erhaltung	保全
Expedition	遠征
Felsig	ロッキー
Forscher	研究者
Geographie	地理
Gletscher	氷河
Halbinsel	半島
Kontinent	大陸
Migration	移行
Mineralien	ミネラル
Temperatur	温度
Topographie	地形
Umwelt	環境
Vögel	鳥
Wasser	水
Wetter	天気
Wind	風
Wissenschaftlich	科学的

Astronomie
天文学

Asteroid	小惑星
Astronaut	宇宙飛行士
Astronom	天文学者
Erde	地球
Himmel	空
Komet	彗星
Konstellation	星座
Meteor	流星
Mond	月
Nebel	星雲
Observatorium	天文台
Planet	惑星
Rakete	ロケット
Satellit	衛星
Sonne	太陽
Stern	星
Supernova	超新星
Teleskop	望遠鏡
Tierkreis	ゾディアック
Universum	宇宙

Badezimmer
バスルーム

Bad	浴
Blasen	泡
Dampf	蒸気
Dusche	シャワー
Handtuch	タオル
Lotion	ローション
Parfüm	香水
Schere	はさみ
Schwamm	スポンジ
Seife	石鹸
Shampoo	シャンプー
Spiegel	鏡
Teppich	ラグ
Toilette	トイレ
Wasser	水
Wasserhahn	蛇口

Ballett
バレエ

Applaus	拍手
Ausdrucksvoll	表現力豊かな
Ballerina	バレリーナ
Choreographie	振り付け
Fähigkeit	スキル
Geste	ジェスチャー
Intensität	強度
Komponist	作曲家
Künstlerisch	芸術的
Musik	音楽
Muskel	筋肉
Orchester	オーケストラ
Praxis	練習
Probe	リハーサル
Rhythmus	リズム
Solo	ソロ
Stil	スタイル
Tänzer	ダンサー
Technik	技術

Barbecues
バーベキュー

Abendessen	夕食
Familie	家族
Frucht	フルーツ
Gabeln	フォーク
Gemüse	野菜
Grill	グリル
Heiss	ホット
Huhn	チキン
Hunger	飢餓
Kinder	子供達
Kochen	料理
Messer	ナイフ
Mittagessen	ランチ
Musik	音楽
Pfeffer	コショウ
Salate	サラダ
Salz	塩
Sommer	夏
Sosse	ソース
Spiele	ゲーム

Bauernhof #1
ファーム #1

Biene	蜂
Dünger	肥料
Esel	ロバ
Feld	フィールド
Heu	ヘイ
Honig	蜂蜜
Huhn	チキン
Hund	犬
Kalb	ふくらはぎ
Katze	猫
Krähe	カラス
Kuh	牛
Land	土地
Landwirtschaft	農業
Pferd	馬
Reis	米
Schwein	豚
Wasser	水
Zaun	フェンス
Ziege	ヤギ

Bauernhof #2
ファーム #2

Bauer	農家
Bewässerung	灌漑
Bienenstock	蜂の巣
Ente	アヒル
Frucht	フルーツ
Gemüse	野菜
Gerste	オオムギ
Lama	ラマ
Lamm	子羊
Mais	コーン
Milch	ミルク
Obstgarten	オーチャード
Schaf	羊
Schäfer	羊飼い
Scheune	納屋
Tiere	動物
Traktor	トラクター
Weizen	小麦
Wiese	牧草地
Windmühle	風車

Berufe #1
職業 #1

Arzt	医者
Astronom	天文学者
Bankier	銀行家
Botschafter	大使
Buchhalter	会計士
Geologe	地質学者
Jäger	ハンター
Juwelier	宝石商
Kartograph	地図製作者
Klempner	配管工
Krankenschwester	看護婦
Künstler	アーティスト
Mechaniker	メカニック
Musiker	音楽家
Pianist	ピアニスト
Psychologe	心理学者
Rechtsanwalt	弁護士
Tänzer	踊り子
Tierarzt	獣医
Trainer	コーチ

Berufe #2
職業 #2

Arzt	医師
Astronaut	宇宙飛行士
Bibliothekar	司書
Biologe	生物学者
Chirurg	外科医
Detektiv	探偵
Erfinder	発明者
Forscher	研究者
Fotograf	写真家
Gärtner	庭師
Illustrator	イラストレーター
Ingenieur	エンジニア
Journalist	ジャーナリスト
Lehrer	先生
Linguist	言語学者
Maler	画家
Philosoph	哲学者
Pilot	パイロット
Zahnarzt	歯医者
Zoologe	動物学者

Bienen
ミツバチ

Bestäuber	花粉媒介者
Bienenkorb	巣箱
Blüte	花
Essen	食べ物
Flügel	翼
Frucht	フルーツ
Garten	庭
Honig	蜂蜜
Insekt	昆虫
Königin	女王
Lebensraum	生息地
Ökosystem	生態系
Pflanzen	植物
Pollen	花粉
Rauch	煙
Schwarm	群れ
Sonne	太陽
Vielfalt	多様性
Vorteilhaft	有益
Wachs	ワックス

Bildende Kunst
ビジュアルアーツ

Architektur	建築
Bleistift	鉛筆
Film	映画
Foto	写真
Gemälde	絵画
Holzkohle	炭
Kreativität	創造性
Kreide	チョーク
Künstler	アーティスト
Lack	ワニス
Meisterwerk	傑作
Perspektive	パースペクティブ
Porträt	ポートレート
Schablone	ステンシル
Skulptur	彫刻
Staffelei	イーゼル
Stift	ペン
Ton	粘土
Wachs	ワックス
Zusammensetzung	構成

Blumen
花々

Blütenblatt	花弁
Gardenie	クチナシ
Gänseblümchen	デイジー
Hibiskus	ハイビスカス
Jasmin	ジャスミン
Klee	クローバー
Lavendel	ラベンダー
Lila	ライラック
Lilie	百合
Löwenzahn	タンポポ
Magnolie	マグノリア
Mohn	ポピー
Orchidee	蘭
Passionsblume	トケイソウ
Pfingstrose	牡丹
Plumeria	プルメリア
Sonnenblume	ひまわり
Strauss	花束
Tulpe	チューリップ

Boote
ボート

Anker	アンカー
Boje	ブイ
Crew	クルー
Dock	ドック
Fähre	フェリー
Floss	いかだ
Fluss	川
Kajak	カヤック
Kanu	カヌー
Mast	マスト
Meer	海
Motor	エンジン
Nautisch	ノーティカル
Ozean	海洋
See	湖
Seemann	セーラー
Seil	ロープ
Tide	潮
Wellen	波
Yacht	ヨット

Bücher
書籍

Abenteuer	冒険
Autor	著者
Charakter	キャラクター
Dualität	二重性
Episch	エピック
Erfinderisch	発明
Erzähler	ナレーター
Geschichte	ストーリー
Geschrieben	書かれた
Historisch	歴史的
Humorvoll	ユーモラス
Kollektion	コレクション
Leser	読者
Literarisch	文学
Poesie	詩
Relevant	関連する
Roman	小説
Seite	ページ
Serie	シリーズ
Tragisch	悲劇的

Camping
キャンプ

Abenteuer	冒険
Berg	山
Feuer	火
Hängematte	ハンモック
Hut	帽子
Insekt	昆虫
Jagd	狩猟
Kabine	キャビン
Kanu	カヌー
Karte	地図
Kompass	コンパス
Laterne	ランタン
Mond	月
Natur	自然
See	湖
Seil	ロープ
Spass	楽しい
Tiere	動物
Wald	森
Zelt	テント

Dinosaurier
恐竜

Allesfresser	雑食
Art	種
Beute	獲物
Enorm	巨大な
Erde	地球
Evolution	進化
Fleischfresser	肉食動物
Flügel	翼
Fossilien	化石
Gross	大きい
Grösse	サイズ
Leistungsstark	強力な
Mammut	マンモス
Pflanzenfresser	草食動物
Prähistorisch	先史時代
Raubvogel	ラプター
Reptil	爬虫類
Schwanz	尾
Verschwinden	失踪

Emotionen
感情

Angst	恐怖
Beschämt	恥ずかしい
Dankbar	感謝しています
Freude	喜び
Freundlichkeit	親切
Frieden	平和
Inhalt	コンテンツ
Langeweile	退屈
Liebe	愛
Relief	安心
Ruhe	静けさ
Sympathie	同情
Traurigkeit	悲しみ
Wut	怒り
Zärtlichkeit	優しさ
Zufrieden	満足

Erforschung
探検

Aktivität	活動
Aufregung	興奮
Entdeckung	発見
Entschlossenheit	決定
Fern	遠い
Gelände	地形
Kulturen	文化
Lernen	学ぶために
Mut	勇気
Neu	新着
Raum	スペース
Reise	旅行
Sprache	言語
Tiere	動物
Unbekannt	不明
Wild	野生

Erhaltung
保全

Bildung	教育
Chemikalien	化学薬品
Freiwillige	ボランティア
Gesundheit	健康
Grün	緑
Klima	気候
Lebensraum	生息地
Nachhaltig	持続可能
Natürlich	ナチュラル
Organisch	有機
Ökosystem	生態系
Pestizid	農薬
Recyceln	リサイクル
Reduzieren	削減
Umwelt	環境
Verschmutzung	汚染
Wasser	水
Zyklus	サイクル

Ernährung
栄養

Appetit	食欲
Ausgewogen	バランス
Bitter	苦い
Diät	ダイエット
Essbar	食用
Fermentation	発酵
Geschmack	味
Gesund	元気
Gesundheit	健康
Gewicht	重さ
Kalorien	カロリー
Kohlenhydrate	炭水化物
Nährstoff	栄養素
Portion	部分
Proteine	タンパク質
Qualität	品質
Sosse	ソース
Toxin	毒素
Verdauung	消化
Vitamin	ビタミン

Essen #1
食べ物 #1

Basilikum	バジル
Birne	梨
Erdbeere	苺
Erdnuss	落花生
Fleisch	肉
Kaffee	コーヒー
Karotte	にんじん
Knoblauch	ニンニク
Milch	ミルク
Rübe	カブ
Saft	ジュース
Salat	サラダ
Salz	塩
Spinat	ほうれん草
Suppe	スープ
Thunfisch	ツナ
Zimt	シナモン
Zitrone	レモン
Zucker	砂糖
Zwiebel	玉葱

Essen #2
食べ物 #2

Apfel	アップル
Artischocke	アーティチョーク
Aubergine	茄子
Banane	バナナ
Brokkoli	ブロッコリー
Brot	パン
Ei	卵
Fisch	魚
Joghurt	ヨーグルト
Käse	チーズ
Kirsche	チェリー
Mandel	アーモンド
Pilz	キノコ
Reis	米
Schinken	ハム
Schokolade	チョコレート
Sellerie	セロリ
Spargel	アスパラガス
Tomate	トマト
Weizen	小麦

Fahren
運転

Auto	車
Bremsen	ブレーキ
Brennstoff	燃料
Bus	バス
Fussgänger	歩行者
Garage	ガレージ
Gas	ガス
Gefahr	危険
Geschwindigkeit	速度
Karte	地図
Lizenz	ライセンス
Lkw	トラック
Motor	モーター
Motorrad	オートバイ
Polizei	警察
Sicherheit	安全性
Tunnel	トンネル
Unfall	事故
Verkehr	交通
Vorsicht	注意

Fahrzeuge
車両

Auto	車
Boot	ボート
Bus	バス
Fahrrad	自転車
Fähre	フェリー
Floss	いかだ
Flugzeug	飛行機
Hubschrauber	ヘリコプター
Krankenwagen	救急車
Lkw	トラック
Motor	モーター
Rakete	ロケット
Reifen	タイヤ
Roller	スクーター
Taxi	タクシー
Traktor	トラクター
U-Bahn	地下鉄
U-Boot	潜水艦
Wohnwagen	キャラバン
Zug	列車

Familie
ファミリー

Bruder	兄弟
Ehefrau	妻
Ehemann	夫
Enkel	孫
Grossmutter	おばあちゃん
Grossvater	祖父
Kind	子供
Kindheit	子供の頃
Mutter	母
Mütterlich	母性
Neffe	甥
Nichte	姪
Onkel	叔父
Schwester	姉妹
Tante	叔母
Tochter	娘
Vater	父
Väterlich	父方の
Vetter	いとこ
Vorfahr	祖先

Farben
[色]

Azurblau	紺碧
Beige	ベージュ
Blau	青
Braun	茶色
Fuchsie	フクシア
Gelb	黄色
Grau	グレー
Grün	緑
Indigo	インジゴ
Lila	紫
Magenta	マゼンタ
Orange	オレンジ
Purpur	クリムゾン
Rosa	ピンク
Rot	赤
Schwarz	ブラック
Sepia	セピア
Violett	バイオレット
Weiss	白い
Zyan	シアン

Flugzeuge
飛行機

Abenteuer	冒険
Abstieg	降下
Atmosphäre	雰囲気
Aufblasen	膨らませる
Ballon	バルーン
Brennstoff	燃料
Crew	クルー
Design	設計
Geschichte	歴史
Himmel	空
Höhe	高さ
Konstruktion	建設
Luft	空気
Motor	エンジン
Passagier	旅客
Pilot	パイロット
Propeller	プロペラ
Turbulenz	乱流
Wasserstoff	水素
Wetter	天気

Formen
シェイプ

Bogen	アーク
Dreieck	三角形
Ecke	コーナー
Ellipse	楕円
Hyperbel	双曲線
Kanten	エッジ
Kegel	円錐
Kreis	円
Kurve	曲線
Linie	ライン
Oval	楕円形
Polygon	多角形
Prisma	プリズム
Pyramide	ピラミッド
Rechteck	矩形
Seite	側
Würfel	三乗
Zylinder	シリンダー

Garten
ガーデン

Bank	ベンチ
Baum	木
Blume	花
Boden	土
Busch	ブッシュ
Garage	ガレージ
Garten	庭
Gras	草
Hängematte	ハンモック
Obstgarten	オーチャード
Rasen	芝生
Rechen	熊手
Schaufel	シャベル
Schlauch	ホース
Teich	池
Terrasse	テラス
Trampolin	トランポリン
Unkraut	雑草
Veranda	ポーチ
Zaun	フェンス

Gebäude
建物

Bauernhof	農場
Botschaft	大使館
Fabrik	工場
Garage	ガレージ
Herberge	ホステル
Hotel	ホテル
Kabine	キャビン
Kino	ンネイ
Krankenhaus	病院
Labor	研究室
Museum	博物館
Observatorium	天文台
Scheune	納屋
Schule	学校
Stadion	スタジアム
Supermarkt	スーパーマーケット
Theater	劇場
Turm	タワー
Universität	大学
Zelt	テント

Geburtstag
誕生日

Einladungen	招待状
Feier	お祝い
Freunde	友達
Geboren	生まれ
Geschenk	贈り物
Glücklich	ハッピー
Jahr	年
Jung	若い
Kalender	カレンダー
Karten	カード
Kerzen	キャンドル
Kuchen	ケーキ
Lernen	学ぶために
Lied	歌
Partei	パーティー
Spass	楽しい
Spezial	スペシャル
Tag	日
Weisheit	知恵
Zeit	時間

Gemüse
野菜

Artischocke	アーティチョーク
Aubergine	茄子
Blumenkohl	カリフラワー
Brokkoli	ブロッコリー
Erbse	エンドウ
Gurke	キュウリ
Ingwer	ショウガ
Karotte	にんじん
Kartoffel	じゃがいも
Knoblauch	ニンニク
Kürbis	かぼちゃ
Olive	オリーブ
Petersilie	パセリ
Pilz	キノコ
Rübe	カブ
Salat	サラダ
Sellerie	セロリ
Spinat	ほうれん草
Tomate	トマト
Zwiebel	玉葱

Geographie
地理学

Atlas	アトラス
Äquator	赤道
Berg	山
Breite	緯度
Fluss	川
Gebiet	地域
Hemisphäre	半球
Höhe	高度
Insel	島
Karte	地図
Kontinent	大陸
Land	国
Meer	海
Meridian	子午線
Norden	北
Ozean	海洋
Region	領域
Stadt	市
Welt	世界
West	西

Geologie
地質学

Erdbeben	地震
Erosion	侵食
Fossil	化石
Geschmolzen	モルテン
Geysir	間欠泉
Höhle	洞窟
Kalzium	カルシウム
Kontinent	大陸
Koralle	コーラル
Lava	溶岩
Mineralien	ミネラル
Plateau	高原
Quarz	石英
Salz	塩
Säure	酸
Stalagmiten	石筍
Stalaktit	鍾乳石
Stein	石
Vulkan	火山
Zone	ゾーン

Gewürze
スパイス

Anis	アニス
Bitter	苦い
Curry	カレー
Fenchel	フェンネル
Geschmack	味
Ingwer	ショウガ
Kardamom	カルダモン
Knoblauch	ニンニク
Lakritze	甘草
Muskatnuss	ナツメグ
Nelke	クローブ
Paprika	パプリカ
Pfeffer	コショウ
Safran	サフラン
Salz	塩
Sauer	サワー
Süss	甘い
Vanille	バニラ
Zimt	シナモン
Zwiebel	玉葱

Haartypen
ヘアタイプ

Blond	ブロンド
Braun	茶色
Dick	厚い
Dünn	薄い
Farbig	有色
Geflochten	編組
Gesund	元気
Glänzend	シャイニー
Grau	グレー
Kahl	禿
Kopfhaut	頭皮
Kurz	短い
Locken	カール
Lockig	カーリー
Schwarz	ブラック
Silber	銀
Trocken	ドライ
Weich	ソフト
Weiss	白い
Zöpfe	三つ編み

Haus
ハウス

Besen	ほうき
Bibliothek	図書館
Dach	屋根
Dachboden	屋根裏
Decke	天井
Dusche	シャワー
Fenster	窓
Garage	ガレージ
Garten	庭
Kamin	暖炉
Küche	キッチン
Lampe	ランプ
Möbel	家具
Schlafzimmer	寝室
Schornstein	煙突
Spiegel	鏡
Tür	ドア
Wand	壁
Zaun	フェンス
Zimmer	部屋

Haustiere
ペット

Eidechse	トカゲ
Essen	食べ物
Fisch	魚
Hamster	ハムスター
Hase	うさぎ
Hund	犬
Katze	猫
Kätzchen	子猫
Kragen	襟
Krallen	爪
Kuh	牛
Maus	ねずみ
Papagei	オウム
Pfoten	足
Schildkröte	カメ
Schwanz	尾
Tierarzt	獣医
Wasser	水
Welpe	子犬
Ziege	ヤギ

Insekten
昆虫

Ameise	蟻
Biene	蜂
Blattlaus	アブラムシ
Floh	ノミ
Gottesanbeterin	カマキリ
Heuschrecke	バッタ
Kakerlake	ゴキブリ
Käfer	甲虫
Larve	幼虫
Libelle	トンボ
Marienkäfer	てんとう虫
Motte	蛾
Mücke	蚊
Schmetterling	蝶
Termite	シロアリ
Wespe	スズメバチ
Wurm	ワーム
Zikade	蝉

Kleidung
洋服

Armband	ブレスレット
Bluse	ブラウス
Gürtel	ベルト
Halskette	ネックレス
Handschuhe	手袋
Hemd	シャツ
Hose	パンツ
Hut	帽子
Jacke	ジャケット
Jeans	ジーンズ
Kleid	ドレス
Mantel	コート
Mode	ファッション
Pullover	セーター
Rock	スカート
Schal	スカーフ
Schlafanzug	パジャマ
Schmuck	ジュエリー
Schuh	靴
Schürze	エプロン

Klettern
クライミング

Atmosphäre	雰囲気
Ausbildung	トレーニング
Experte	専門家
Führer	ガイド
Gelände	地形
Handschuhe	手袋
Helm	ヘルメット
Höhe	高度
Höhle	洞窟
Karte	地図
Neugier	好奇心
Schmal	狭い
Stabilität	安定性
Stärke	強さ
Stiefel	ブーツ
Verletzung	怪我
Wandern	ハイキング

Kochen Tools
クッキングツール

Besteck	カトラリー
Deckel	蓋
Gabel	フォーク
Herd	ストーブ
Kühlschrank	冷蔵庫
Löffel	スプーン
Messer	ナイフ
Mixer	ブレンダー
Ofen	オーブン
Reibe	おろし金
Schere	はさみ
Sieb	ザル
Spatel	スパチュラ
Thermometer	温度計
Toaster	トースター
Wasserkocher	ケトル

Kräuterkunde
本草学

Aromatisch	芳香族
Basilikum	バジル
Blume	花
Dill	ディル
Estragon	タラゴン
Fenchel	フェンネル
Garten	庭
Geschmack	味
Grün	緑
Knoblauch	ニンニク
Kulinarisch	料理
Lavendel	ラベンダー
Majoran	マージョラム
Petersilie	パセリ
Qualität	品質
Rosmarin	ローズマリー
Safran	サフラン
Thymian	タイム
Vorteilhaft	有益
Zutat	成分

Kunst
美術

Ausdruck	表現
Ehrlich	正直
Gegenstand	件名
Gemälde	絵画
Inspiriert	インスパイヤされた
Keramik	セラミック
Komplex	繁雑
Original	オリジナル
Persönlich	個人的
Poesie	詩
Porträtieren	描く
Schaffen	作成
Skulptur	彫刻
Stimmung	気分
Surrealismus	シュルレアリスム
Symbol	シンボル
Visuell	ビジュアル
Zusammensetzung	構成

Kunst Liefert
アートサプライ

Acryl	アクリル
Bleistifte	鉛筆
Buntstifte	クレヨン
Bürsten	ブラシ
Farben	色
Holzkohle	炭
Ideen	アイデア
Kamera	カメラ
Kreativität	創造性
Leim	のり
Öl	油
Papier	紙
Radiergummi	消しゴム
Staffelei	イーゼル
Stuhl	椅子
Tabelle	テーブル
Tinte	インク
Ton	粘土
Wasser	水

Küche
キッチン

Essen	食べ物
Essstäbchen	箸
Gabeln	フォーク
Gefrierschrank	冷凍庫
Gewürze	スパイス
Grill	グリル
Krug	水差し
Kühlschrank	冷蔵庫
Löffel	スプーン
Messer	ナイフ
Ofen	オーブン
Rezept	レシピ
Schürze	エプロン
Schüssel	ボウル
Schwamm	スポンジ
Serviette	ナプキン
Tassen	カップ
Wasserkocher	ケトル

Landschaften
風景

Berg	山
Eisberg	氷山
Fluss	川
Geysir	間欠泉
Gletscher	氷河
Golf	湾
Halbinsel	半島
Höhle	洞窟
Hügel	丘
Insel	島
Meer	海
Oase	オアシス
See	湖
Strand	ビーチ
Sumpf	沼
Tal	谷
Tundra	ツンドラ
Vulkan	火山
Wasserfall	滝
Wüste	砂漠

Länder #2
国 #2

Albanien	アルバニア
Äthiopien	エチオピア
Frankreich	フランス
Griechenland	ギリシャ
Haiti	ハイチ
Irland	アイルランド
Jamaika	ジャマイカ
Japan	日本
Kenia	ケニア
Laos	ラオス
Liberia	リベリア
Mexiko	メキシコ
Nepal	ネパール
Nigeria	ナイジェリア
Pakistan	パキスタン
Russland	ロシア
Sudan	スーダン
Syrien	シリア
Uganda	ウガンダ
Ukraine	ウクライナ

Literatur
文学

Analogie	類推
Analyse	分析
Anekdote	逸話
Autor	著者
Beschreibung	説明
Biographie	伝記
Dialog	対話
Erzähler	ナレーター
Fiktion	フィクション
Gedicht	詩
Metapher	比喩
Poetisch	詩的
Reim	韻
Rhythmus	リズム
Roman	小説
Schlussfolgerung	結論
Stil	スタイル
Thema	テーマ
Tragödie	悲劇
Vergleich	比較

Mathematik
数学

Arithmetik	算術
Bruchteil	分数
Dezimal	小数
Dreieck	三角形
Durchmesser	直径
Exponent	指数
Geometrie	幾何学
Gleichung	方程式
Parallel	平行
Parallelogramm	平行四辺形
Polygon	多角形
Radius	半径
Rechteck	矩形
Senkrecht	垂直
Summe	和
Symmetrie	対称
Umfang	円周
Volumen	ボリューム
Winkel	角度
Zahlen	数字

Meditation
瞑想

Annahme	受け入れ
Atmung	呼吸
Aufmerksamkeit	注意
Bewegung	動き
Dankbarkeit	感謝
Freundlichkeit	親切
Frieden	平和
Gedanken	思考
Geistig	メンタル
Haltung	姿勢
Klarheit	明快
Lehre	教え
Lernen	学ぶために
Mitgefühl	思いやり
Musik	音楽
Natur	自然
Perspektive	パースペクティブ
Stille	沈黙
Verstand	マインド

Meisterschaft
チャンピオンシップ

Champion	チャンピオン
Finalist	ファイナリスト
Liga	リーグ
Mannschaft	チーム
Medaille	メダル
Meisterschaft	チャンピオンシップ
Motivation	モチベーション
Performance	パフォーマンス
Richter	裁判官
Schweiss	汗
Sieg	勝利
Spiele	ゲーム
Sport	スポーツ
Strategie	戦略
Trainer	コーチ
Turnier	トーナメント

Menschlicher Körper
人体

Bein	足
Blut	血
Ellbogen	肘
Finger	指
Gehirn	脳
Gesicht	顔
Hals	首
Hand	手
Haut	肌
Herz	心臓
Kinn	顎
Knie	膝
Knöchel	足首
Kopf	頭
Magen	胃
Mund	口
Nase	鼻
Ohr	耳
Schulter	肩
Zunge	舌

Messungen
測定値

Breite	幅
Byte	バイト
Dezimal	小数
Gewicht	重さ
Grad	度
Gramm	グラム
Höhe	高さ
Kilogramm	キログラム
Kilometer	キロメートル
Länge	長さ
Liter	リットル
Masse	質量
Meter	メーター
Minute	分
Tiefe	深さ
Tonne	トン
Unze	オンス
Volumen	ボリューム
Zentimeter	センチメートル
Zoll	インチ

Möbel
家具

Bank	ベンチ
Bett	ベッド
Bettdecke	掛け布団
Bücherregal	本棚
Couch	ソファ
Futon	布団
Hängematte	ハンモック
Kissen	枕
Kommode	ドレッサー
Lampe	ランプ
Matratze	マットレス
Regal	棚
Schrank	戸棚
Schreibtisch	机
Sessel	アームチェア
Spiegel	鏡
Stuhl	椅子
Teppich	ラグ
Vorhang	カーテン

Musikinstrumente
楽器

Banjo	バンジョー
Cello	チェロ
Fagott	ファゴット
Flöte	フルート
Geige	バイオリン
Gitarre	ギター
Glockenspiel	チャイム
Gong	ゴング
Harfe	ハープ
Klarinette	クラリネット
Klavier	ピアノ
Mandoline	マンドリン
Mundharmonika	ハーモニカ
Oboe	オーボエ
Posaune	トロンボーン
Saxophon	サックス
Schlagzeug	パーカッション
Tamburin	タンバリン
Trommel	ドラム
Trompete	トランペット

Mythologie
神話

Archetyp	原型
Blitz	稲妻
Donner	雷
Eifersucht	嫉妬
Held	ヒーロー
Himmel	天国
Katastrophe	災害
Kreation	作成
Kreatur	生き物
Krieger	戦士
Kultur	文化
Labyrinth	ラビリンス
Legende	伝説
Magisch	魔法の
Monster	モンスター
Rache	復讐
Stärke	強さ
Sterblich	モータル
Unsterblichkeit	不死
Verhalten	行動

Natur
自然

Arktis	北極
Berge	山
Bienen	蜂
Dynamisch	動的
Erosion	侵食
Fluss	川
Friedlich	平和
Gletscher	氷河
Heiligtum	サンクチュアリ
Heiter	穏やか
Laub	葉
Lebenswichtig	重要
Nebel	霧
Schönheit	美しさ
Schutz	シェルター
Tiere	動物
Tropisch	トロピカル
Wald	森
Wild	野生
Wüste	砂漠

Obst
フルーツ

Ananas	パイナップル
Apfel	アップル
Aprikose	アプリコット
Avocado	アボカド
Banane	バナナ
Beere	ベリー
Birne	梨
Brombeere	ブラックベリー
Himbeere	ラズベリー
Kirsche	チェリー
Kiwi	キウイ
Kokosnuss	ココナッツ
Melone	メロン
Nektarine	ネクタリン
Orange	オレンジ
Papaya	パパイヤ
Pfirsich	桃
Pflaume	梅
Traube	葡萄
Zitrone	レモン

Ozean
海洋

Aal	うなぎ
Auster	カキ
Boot	ボート
Delfin	イルカ
Fisch	魚
Garnele	エビ
Gezeiten	潮汐
Hai	鮫
Koralle	コーラル
Krabbe	カニ
Krake	たこ
Qualle	クラゲ
Riff	リーフ
Salz	塩
Schildkröte	カメ
Schwamm	スポンジ
Sturm	嵐
Thunfisch	ツナ
Wal	鯨
Wellen	波

Ökologie
エコロジー

Art	種
Berge	山
Dürre	旱魃
Fauna	動物相
Flora	フローラ
Freiwillige	ボランティア
Gemeinschaft	コミュニティ
Global	グローバル
Klima	気候
Lebensraum	生息地
Marine	マリン
Nachhaltig	持続可能
Natur	自然
Natürlich	ナチュラル
Pflanzen	植物
Ressourcen	リソース
Sumpf	マーシュ
Überleben	生存
Vegetation	植生
Vielfalt	多様性

Pflanzen
植物

Bambus	竹
Baum	木
Beere	ベリー
Blume	花
Blütenblatt	花弁
Bohne	豆
Botanik	植物学
Busch	ブッシュ
Dünger	肥料
Efeu	蔦
Flora	フローラ
Garten	庭
Gras	草
Kaktus	サボテン
Kraut	ハーブ
Laub	葉
Moos	苔
Vegetation	植生
Wald	森
Wurzel	根

Piraten
パイレーツ

Abenteuer	冒険
Anker	アンカー
Crew	クルー
Flagge	旗
Gefahr	危険
Gold	ゴールド
Höhle	洞窟
Insel	島
Kapitän	キャプテン
Karte	地図
Kompass	コンパス
Legende	伝説
Münzen	コイン
Narbe	傷跡
Papagei	オウム
Rum	ラム酒
Schatz	宝
Schlecht	悪い
Schwert	剣
Strand	ビーチ

Regenwald
レインフォレスト

Amphibien	両生類
Art	種
Botanisch	植物
Dschungel	ジャングル
Einheimisch	先住民族
Gemeinschaft	コミュニティ
Insekten	虫
Klima	気候
Moos	苔
Natur	自然
Respekt	尊敬
Säugetiere	哺乳類
Überleben	生存
Vielfalt	多様性
Vögel	鳥
Wertvoll	貴重
Wolken	雲
Zuflucht	避難

Restaurant #1
レストラン #1

Allergie	アレルギー
Brot	パン
Dessert	デザート
Essen	食べ物
Fleisch	肉
Huhn	チキン
Kaffee	コーヒー
Kellnerin	ウェイトレス
Küche	キッチン
Menü	メニュー
Messer	ナイフ
Reservierung	予約
Schüssel	ボウル
Serviette	ナプキン
Sosse	ソース
Teller	皿
Würzig	辛い

Restaurant #2
レストラン #2

Abendessen	夕食
Eis	氷
Fisch	魚
Frucht	フルーツ
Gabel	フォーク
Gemüse	野菜
Getränk	飲料
Gewürze	スパイス
Kellner	ウェイター
Köstlich	美味しい
Kuchen	ケーキ
Löffel	スプーン
Mittagessen	ランチ
Nudeln	麺
Salat	サラダ
Salz	塩
Stuhl	椅子
Suppe	スープ
Vorspeise	前菜
Wasser	水

Säugetiere
哺乳類

Affe	猿
Bär	熊
Biber	ビーバー
Elefant	象
Fuchs	狐
Giraffe	キリン
Gorilla	ゴリラ
Hund	犬
Känguru	カンガルー
Kojote	コヨーテ
Löwe	ライオン
Panther	パンサー
Pferd	馬
Ratte	ネズミ
Schaf	羊
Stier	ブル
Tiger	虎
Wal	鯨
Wolf	狼
Zebra	シマウマ

Schach
チェス

Champion	チャンピオン
Diagonal	対角
Gegner	相手
Klug	賢い
König	キング
Königin	女王
Lernen	学ぶために
Opfer	犠牲
Passiv	パッシブ
Punkte	ポイント
Regeln	ルール
Schwarz	ブラック
Spiel	ゲーム
Spieler	プレーヤー
Strategie	戦略
Turnier	トーナメント
Weiss	白い
Wettbewerb	コンテスト
Zeit	時間

Schlösser
お城

Drache	ドラゴン
Dynastie	王朝
Edel	ノーブル
Einhorn	ユニコーン
Festung	要塞
Feudal	封建
Katapult	カタパルト
Königreich	王国
Krone	クラウン
Palast	宮殿
Pferd	馬
Prinz	王子
Prinzessin	王女
Reich	帝国
Ritter	騎士
Rüstung	鎧
Schild	シールド
Schwert	剣
Turm	タワー
Wand	壁

Schokolade
チョコレート

Antioxidans	酸化防止剤
Aroma	香り
Bitter	苦い
Erdnüsse	ピーナッツ
Exotisch	エキゾチック
Favorit	お気に入り
Geschmack	味
Handwerklich	職人
Kakao	カカオ
Kalorien	カロリー
Karamell	カラメル
Kokosnuss	ココナッツ
Köstlich	美味しい
Pulver	粉
Qualität	品質
Rezept	レシピ
Süss	甘い
Verlangen	渇望
Zucker	砂糖
Zutat	成分

Schule #1
スクール #1

Alphabet	アルファベット
Antworten	答え
Bibliothek	図書館
Bleistift	鉛筆
Bücher	書籍
Freunde	友達
Klassenzimmer	教室
Lehrer	先生
Lernen	学ぶために
Mathematik	数学
Mittagessen	ランチ
Ordner	フォルダー
Papier	紙
Prüfungen	試験
Quiz	クイズ
Schreibtisch	机
Spass	楽しい
Stifte	ペン
Stuhl	椅子
Zahlen	数字

Schule #2
スクール #2

Bibliothek	図書館
Bildung	教育
Bleistift	鉛筆
Bus	バス
Bücher	書籍
Computer	コンピュータ
Grammatik	文法
Kalender	カレンダー
Lehrer	先生
Lernen	学習
Lesen	読書
Literatur	文学
Papier	紙
Radiergummi	消しゴム
Rucksack	バックパック
Schere	はさみ
Stifte	ペン
Wissenschaft	科学
Wochenende	週末
Wörterbuch	辞書

Science Fiction
サイエンス・フィクション

Bücher	書籍
Chemikalien	化学薬品
Dystopie	ディストピア
Explosion	爆発
Fantastisch	素晴らしい
Feuer	火
Futuristisch	未来的
Galaxie	銀河
Geheimnisvoll	神秘的な
Illusion	イリュージョン
Imaginär	虚数
Kino	シネマ
Orakel	オラクル
Planet	惑星
Realistisch	現実的
Roboter	ロボット
Szenario	シナリオ
Technologie	技術
Utopie	ユートピア
Welt	世界

Sommer
夏

Bücher	書籍
Camping	キャンプ
Entspannung	リラクゼーション
Erinnerungen	思い出
Essen	食べ物
Familie	家族
Freizeit	レジャー
Freude	喜び
Freunde	友達
Garten	庭
Meer	海
Musik	音楽
Reise	旅行
Sandalen	サンダル
Spiele	ゲーム
Sterne	星
Strand	ビーチ
Tauchen	ダイビング
Urlaub	休暇

Spielzeuge
おもちゃ

Auto	車
Ball	ボール
Boot	ボート
Buntstifte	クレヨン
Bücher	書籍
Drachen	凧
Fahrrad	自転車
Favorit	お気に入り
Flugzeug	飛行機
Kunsthandwerk	工芸品
Lkw	トラック
Phantasie	想像力
Puppe	人形
Puzzle	パズル
Roboter	ロボット
Schach	チェス
Schlagzeug	ドラム
Spiele	ゲーム
Ton	粘土
Zug	列車

Sport
スポーツ

Athlet	アスリート
Baseball	野球
Basketball	バスケットボール
Bewegung	動き
Eishockey	ホッケー
Fahrrad	自転車
Gewinner	勝者
Golf	ゴルフ
Gymnasium	体育館
Gymnastik	体操
Mannschaft	チーム
Meisterschaft	チャンピオンシップ
Schiedsrichter	審判
Spiel	ゲーム
Spieler	プレーヤー
Stadion	スタジアム
Tennis	テニス
Trainer	コーチ

Stadt
町

Apotheke	薬局
Bank	銀行
Bäckerei	ベーカリー
Bibliothek	図書館
Blumenhändler	花屋
Buchhandlung	書店
Flughafen	空港
Galerie	ギャラリー
Hotel	ホテル
Kino	シネマ
Klinik	診療所
Markt	市場
Museum	博物館
Restaurant	レストラン
Schule	学校
Stadion	スタジアム
Supermarkt	スーパーマーケット
Theater	劇場
Universität	大学
Zoo	動物園

Strand
ビーチ

Blau	青
Boot	ボート
Dock	ドック
Handtuch	タオル
Insel	島
Krabbe	カニ
Küste	海岸
Lagune	ラグーン
Meer	海
Ozean	海洋
Regenschirm	傘
Riff	リーフ
Sand	砂
Sandalen	サンダル
Segelboot	ヨット
Sonne	太陽
Urlaub	休暇

Surfen
サーフィン

Anfänger	初心者
Athlet	アスリート
Beliebt	人気の
Champion	チャンピオン
Geschwindigkeit	速度
Magen	胃
Mengen	群衆
Ozean	海洋
Paddel	パドル
Riff	リーフ
Schaum	泡
Spass	楽しい
Spray	スプレー
Stärke	強さ
Stil	スタイル
Strand	ビーチ
Welle	波
Wetter	天気

Tage und Monate
日と月

April	エイプリル
August	八月
Dienstag	火曜日
Donnerstag	木曜日
Februar	二月
Freitag	金曜日
Jahr	年
Juli	七月
Juni	六月
Kalender	カレンダー
Mai	五月
März	行進
Mittwoch	水曜日
Monat	月
Montag	月曜日
November	十一月
Samstag	土曜日
September	セプテンバー
Sonntag	日曜日
Woche	週

Tanzen
ダンス

Akademie	アカデミー
Ausdrucksvoll	表現力豊かな
Bewegung	動き
Choreographie	振り付け
Emotion	感情
Haltung	姿勢
Klassisch	クラシック
Körper	体
Kultur	文化
Kunst	アート
Musik	音楽
Partner	パートナー
Probe	リハーサル
Rhythmus	リズム
Traditionell	伝統的
Visuell	ビジュアル

Technologie
テクノロジー

Bildschirm	画面
Blog	ブログ
Browser	ブラウザ
Bytes	バイト
Computer	コンピュータ
Cursor	カーソル
Datei	ファイル
Daten	データ
Digital	デジタル
Forschung	研究
Internet	インターネット
Kamera	カメラ
Nachricht	メッセージ
Schriftart	フォント
Sicherheit	安全
Software	ソフトウェア
Statistik	統計
Virtuell	仮想
Virus	ウイルス

Tools
ツール

Axt	斧
Fackel	トーチ
Hammer	ハンマー
Hefter	ステープラー
Heftklammer	ステープル
Kabel	ケーブル
Leim	のり
Leiter	はしご
Lineal	ルーラー
Messer	ナイフ
Rad	ホイール
Rasierer	かみそり
Schaufel	シャベル
Schere	はさみ
Schraube	ねじ
Seil	ロープ
Zange	ペンチ

Urlaub #2
バケーション #2

Ausländer	外国人
Berge	山
Camping	キャンプ
Flughafen	空港
Freizeit	レジャー
Hotel	ホテル
Insel	島
Karte	地図
Meer	海
Pass	パスポート
Reise	旅
Restaurant	レストラン
Strand	ビーチ
Taxi	タクシー
Transport	交通
Urlaub	休日
Visum	ビザ
Zelt	テント
Ziel	行き先
Zug	列車

Vögel
鳥類

Adler	鷲
Ei	卵
Ente	アヒル
Eule	フクロウ
Flamingo	フラミンゴ
Gans	ガチョウ
Huhn	チキン
Krähe	カラス
Kuckuck	カッコウ
Möwe	カモメ
Papagei	オウム
Pelikan	ペリカン
Pfau	孔雀
Pinguin	ペンギン
Reiher	サギ
Schwan	白鳥
Spatz	スズメ
Storch	コウノトリ
Taube	鳩
Toucan	オオハシ

Wandern
ハイキング

Berg	山
Camping	キャンプ
Führer	ガイド
Gipfel	サミット
Karte	地図
Klima	気候
Klippe	崖
Müde	疲れた
Natur	自然
Orientierung	オリエンテーション
Parks	公園
Schwer	重い
Sonne	太陽
Steine	石
Stiefel	ブーツ
Tiere	動物
Vorbereitung	準備
Wasser	水
Wetter	天気
Wild	野生

Wasser
水

Bewässerung	灌漑
Dampf	蒸気
Dusche	シャワー
Eis	氷
Feucht	湿った
Feuchtigkeit	湿度
Fluss	川
Flut	洪水
Frost	霜
Geysir	間欠泉
Hurrikan	ハリケーン
Kanal	運河
Monsun	モンスーン
Ozean	海洋
Regen	雨
Schnee	雪
See	湖
Trinkbar	飲める
Verdunstung	蒸発
Wellen	波

Wetter
天気

Atmosphäre	雰囲気
Blitz	稲妻
Brise	そよ風
Donner	雷
Dürre	旱魃
Eis	氷
Himmel	空
Hurrikan	ハリケーン
Klima	気候
Monsun	モンスーン
Nebel	霧
Polar	極性
Regenbogen	虹
Sturm	嵐
Temperatur	温度
Tornado	竜巻
Trocken	ドライ
Tropisch	トロピカル
Wind	風
Wolke	雲

Wissenschaft
理科

Atom	原子
Chemisch	化学薬品
Daten	データ
Evolution	進化
Experiment	実験
Fossil	化石
Hypothese	仮説
Klima	気候
Labor	研究室
Methode	方法
Mineralien	ミネラル
Moleküle	分子
Natur	自然
Organismus	生物
Partikel	粒子
Pflanzen	植物
Physik	物理学
Schwerkraft	重力
Tatsache	事実
Wissenschaftler	科学者

Wissenschaftliche Disziplinen
科学分野

Anatomie	解剖学
Archäologie	考古学
Astronomie	天文学
Biochemie	生化学
Biologie	生物学
Botanik	植物学
Chemie	化学
Geologie	地質学
Immunologie	免疫学
Kinesiologie	キネシオロジー
Linguistik	言語学
Mechanik	力学
Mineralogie	鉱物学
Neurologie	神経学
Ökologie	生態学
Physiologie	生理
Psychologie	心理学
Soziologie	社会学
Thermodynamik	熱力学
Zoologie	動物学

Zahlen
数字

Acht	八
Achtzehn	十八
Dezimal	小数
Drei	三
Dreizehn	十三
Fünf	五
Fünfzehn	十五
Neun	九
Neunzehn	十九
Null	ゼロ
Sechs	六
Sechzehn	十六
Sieben	セブン
Siebzehn	セブンティーン
Vier	四
Vierzehn	十四
Zehn	十
Zwanzig	二十
Zwei	二
Zwölf	十二

Zeit
時間

Gestern	昨日
Heute	今日
Jahr	年
Jahrhundert	世紀
Jahrzehnt	十年
Jährlich	通年
Jetzt	今
Kalender	カレンダー
Minute	分
Mittag	昼
Monat	月
Morgen	朝
Nach	後
Nacht	夜
Stunde	時間
Tag	日
Uhr	時計
Vor	前
Woche	週
Zukunft	未来

Zirkus
サーカス

Affe	猿
Akrobat	アクロバット
Ballons	風船
Clown	ピエロ
Elefant	象
Fahrkarte	チケット
Jongleur	ジャグラー
Kostüm	コスチューム
Löwe	ライオン
Magie	魔法
Musik	音楽
Parade	パレード
Spektakulär	壮観な
Tiere	動物
Tiger	虎
Trick	トリック
Zelt	テント
Zuschauer	観客

Zu Füllen
塗りつぶすには

Box	箱
Eimer	バケツ
Fass	バレル
Flasche	ボトル
Karton	カートン
Kiste	クレート
Koffer	スーツケース
Korb	バスケット
Krug	瓶
Mappe	フォルダ
Paket	パケット
Rohr	チューブ
Schiff	容器
Schublade	引き出し
Tablett	トレイ
Tasche	ポケット
Umschlag	封筒
Vase	花瓶
Wanne	浴槽

Gratuliere

Sie haben es geschafft !!

Wir hoffen, dass euch dieses Buch genauso viel Spaß gemacht hat wie uns dessen Herstellung. Wir tun unser Bestes, um qualitativ hochwertige Spiele zu erfinden. Diese Rätsel sind auf eine clevere Art und Weise entworfen, damit sie aktiv lernen und daran Vergnügen finden.

Hat ihnen das Buch gefallen ?

Eine einfache Bitte

Unsere Bücher existieren dank der Rezensionen, die sie veröffentlichen. Können sie uns helfen indem sie jetzt eine Meinung hinterlassen ?

Hier ist ein kurzer Link, der Sie zu ihrer Bewertungsseite führt

BestBooksActivity.com/Rezension50

MONSTER HERAUSFÖRDERUNGEN !

Herausförderung 1

Bereit für ihr Bonusspiel? Wir verwenden sie ständig, aber sie sind nicht einfach zu finden. Es sind die Synonyme !

Notieren sie 5 Wörter, die sie in den untenstehenden Rätseln (Nummer 21, 36 und 76) entdeckt haben und versuchen sie für jedes Wort 2 Synonyme zu finden .

Notieren sie 5 Wörter aus **Rätsel 21**

Wörter	Synonym 1	Synonym 2

Notieren sie 5 Wörter aus **Rätsel 36**

Wörter	Synonym 1	Synonym 2

Notieren sie 5 Wörter aus **Rätsel 76**

Wörter	Synonym 1	Synonym 2

Herausförderung 2

Jetzt, wo sie warm sind, notieren sie 5 Wörter, die sie in jedem der untenaufgeführten Rätseln entdeckt haben (Nummer 9, 17 und 25) und versuchen sie für jedes Wort 2 Antonyme zu finden. Wie viele davon können sie binnen 20 Minuten finden ?

Notieren sie 5 Wörter aus **Rätsel 9**

Wörter	Antonym 1	Antonym 2

Notieren sie 5 Wörter aus **Rätsel 17**

Wörter	Antonym 1	Antonym 2

Notieren sie 5 Wörter aus **Rätsel 25**

Wörter	Antonym 1	Antonym 2

Herausförderung 3

Wunderbar, diese Monster Herausförderung 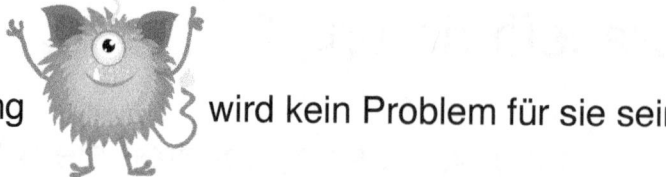 wird kein Problem für sie sein !

Bereit für die letzte Herausförderung? Wählen sie ihre 10 Lieblingswörter aus, die sie in einem Rätsel entdeckt haben und notieren sie sie unten.

1.	6.
2.	7.
3.	8.
4.	9.
5.	10.

Die Aufgabe besteht nun darin mit diesen Wörtern und in maximal sechs Sätzen einen Text herzustellen über eine Person, ein Tier oder ein Ort den sie lieben !

Tipp : sie können die letzten leeren Seiten dieses Buches als Entwurf verwenden

Ihr Schreiben :

NOTIZBUCH :

AUF BALDIGES WIEDERSEHEN !

Linguas Classics

KOSTENLOSE SPIELE GENIESSEN

GO

↓

BESTACTIVITYBOOKS.COM/FREEGAMES